Préstamos Hipotecarios para Propiedades de Inversión Airbnb

Cómo Financiar y Escalar un Portafolio de Propiedades de Alquiler a Corto Plazo

Por Joseph G. Correa

Licensed Mortgage Broker, Finibi Mortgage

Aviso Legal y de Copyright

Publicado por Live Stronger Faster

La información proporcionada en este libro tiene únicamente fines educativos e informativos y no debe interpretarse como asesoramiento financiero, legal o fiscal. Se recomienda a los lectores consultar con profesionales autorizados antes de tomar cualquier decisión financiera o relacionada con bienes raíces. El autor y el editor no asumen responsabilidad alguna por pérdidas o daños ocasionados como resultado del uso o mal uso de la información contenida en esta publicación.

Primera Edición, 2026

Tabla de Contenido

Prólogo

La transición de ser propietario de una sola propiedad de alquiler a corto plazo a construir un portafolio escalable de propiedades Airbnb es donde se crea la verdadera riqueza, pero también es donde la mayoría de los inversionistas fracasan. Muchas personas logran comprar su primera propiedad Airbnb utilizando entusiasmo, conocimientos básicos de financiamiento y una fuerte creencia en el potencial de ingresos de los alquileres a corto plazo. Sin embargo, cuando llega el momento de adquirir la segunda, tercera, cuarta o décima propiedad, se requiere un nivel completamente diferente de estrategia. Este libro está diseñado para cerrar esa brecha. No se trata de comenzar, sino de expandirse inteligentemente, financiar estratégicamente y construir un portafolio que produzca un flujo de efectivo constante y optimizado con el tiempo.

Los préstamos hipotecarios para propiedades de inversión Airbnb funcionan de manera fundamentalmente diferente cuando se aplican a un portafolio en comparación con una sola propiedad. Los prestamistas evalúan el riesgo de manera distinta, los prestatarios deben estructurar sus finanzas con más cuidado y cada propiedad adicional introduce tanto oportunidades como complejidad. La mentalidad debe cambiar de "¿Puedo calificar para una propiedad?" a "¿Cómo estructuro múltiples operaciones de manera que el crecimiento se multiplique mientras mantengo estabilidad?". Esta es la base de la escalabilidad y el enfoque central de este libro.

Uno de los conceptos más importantes que aprenderá es que escalar no significa simplemente adquirir más propiedades, sino adquirirlas en la secuencia correcta, con la estructura de financiamiento adecuada y bajo las condiciones apropiadas. Muchos inversionistas cometen el error de perseguir oportunidades sin considerar cómo cada nuevo préstamo afecta su capacidad para calificar para el siguiente. Las relaciones deuda-ingreso, los requisitos de reservas, la exposición crediticia y las condiciones adicionales de los prestamistas juegan un papel importante para determinar si su portafolio crecerá de manera fluida o se detendrá abruptamente. Comprender estas variables con anticipación le permite diseñar un plan estratégico en lugar de reaccionar a los obstáculos después de que aparezcan.

Financiar múltiples propiedades Airbnb requiere una comprensión profunda de los diferentes productos hipotecarios disponibles, particularmente los préstamos DSCR, los programas Non-QM y las estrategias de financiamiento de portafolio. A diferencia de los préstamos tradicionales que dependen en gran medida de los ingresos personales, muchas opciones de financiamiento enfocadas en Airbnb priorizan el potencial de ingresos de la propiedad misma. Esto abre la puerta a una expansión rápida, especialmente para prestatarios independientes e inversionistas que quizás no califiquen bajo las guías convencionales. Sin embargo, esta flexibilidad también viene acompañada de ciertos matices. Los prestamistas pueden imponer requisitos de reservas más estrictos, tasas de interés más altas o limitaciones en la cantidad de propiedades financiadas. Aprender a navegar estos factores es esencial para construir un portafolio sostenible.

Otro elemento crítico para escalar es la estrategia del portafolio. No todas las propiedades Airbnb son iguales y no todos los mercados se comportan de la misma manera. Algunas propiedades generan tarifas nocturnas elevadas pero presentan fluctuaciones estacionales, mientras que otras producen ocupación constante con tarifas diarias promedio más bajas. Un portafolio sólido equilibra estos factores, creando estabilidad en diferentes condiciones económicas. Diversificar entre tipos de propiedades, ubicaciones y rangos de precio puede reducir el riesgo y mejorar el desempeño a largo plazo. Este libro le enseñará cómo pensar en su portafolio como un sistema y no simplemente como una colección de activos individuales.

La optimización del flujo de efectivo es igualmente importante. No basta con adquirir propiedades; debe asegurarse de que cada una contribuya positivamente a su panorama financiero general. Esto implica analizar el potencial de ingresos, administrar los gastos y estructurar el financiamiento de manera que maximice los retornos. Pequeños ajustes en las tasas de interés, los términos del préstamo o el desempeño de la propiedad pueden generar un impacto significativo cuando se multiplican a través de varias propiedades. Aprender a evaluar estos factores a escala es lo que separa a los inversionistas promedio de aquellos que construyen portafolios verdaderamente rentables.

A medida que su portafolio crece, también aumenta la importancia de los sistemas y la eficiencia. Administrar una sola propiedad Airbnb puede ser manejable sin demasiada estructura, pero administrar varias requiere un enfoque mucho más profesional. Desde la administración de propiedades y las estrategias de precios hasta el mantenimiento y la experiencia del huésped, cada aspecto debe optimizarse para respaldar el crecimiento. El financiamiento también juega un papel aquí, ya que los prestamistas a menudo evalúan no solo su perfil financiero, sino también su experiencia como operador. Demostrar un historial de administración exitosa puede mejorar su acceso a mejores condiciones de préstamo y programas más flexibles.

La gestión del riesgo es otro tema clave a lo largo de este libro. Aunque las propiedades Airbnb ofrecen un potencial significativo de ingresos, también presentan riesgos únicos, incluyendo cambios regulatorios, saturación del mercado y fluctuaciones en la demanda de viajes. Escalar amplifica estos riesgos si no se administran correctamente. Al estructurar sus préstamos de manera conservadora, mantener reservas adecuadas y seleccionar propiedades con fundamentos sólidos, puede proteger su portafolio mientras continúa buscando un crecimiento agresivo. El objetivo no es eliminar el riesgo por completo, sino controlarlo de una manera que apoye el éxito a largo plazo.

También aprenderá a pensar como un prestamista al construir su portafolio. Comprender cómo los analistas hipotecarios evalúan sus solicitudes le brinda una ventaja significativa. En lugar de adivinar si una operación será aprobada, podrá estructurarla de manera que se alinee con las guías de financiamiento desde el principio. Esto incluye optimizar su perfil crediticio, administrar sus obligaciones y presentar sus ingresos y activos de manera efectiva. Cuando aborda cada operación con este nivel de claridad, su tasa de aprobación aumenta y su proceso de expansión se vuelve mucho más predecible.

Otro concepto poderoso introducido en este libro es la idea de combinar múltiples estrategias de financiamiento. En lugar de depender de un solo tipo de préstamo, los inversionistas exitosos suelen utilizar varios enfoques para alcanzar sus objetivos. Por ejemplo, una propiedad puede financiarse utilizando un préstamo DSCR, mientras que otra utiliza un programa basado en activos y una tercera aprovecha un prestamista de portafolio. Esta flexibilidad le permite seguir adquiriendo propiedades incluso cuando una vía de financiamiento se vuelve limitada. Aprender a navegar y combinar estas opciones es una habilidad crítica para inversionistas avanzados.

El aspecto psicológico de escalar tampoco debe subestimarse. A medida que pasa de una propiedad a múltiples propiedades, las apuestas financieras aumentan, al igual que la presión. Las decisiones se vuelven más complejas y los errores pueden tener un impacto mayor. Desarrollar confianza, disciplina y una perspectiva a largo plazo es esencial. Este libro está diseñado no solo para proporcionar conocimientos técnicos, sino también para ayudarle a desarrollar la mentalidad necesaria para operar a un nivel más alto. El objetivo es reemplazar la incertidumbre con estrategia y la duda con acción informada.

A lo largo de este libro, obtendrá una comprensión paso a paso de cómo escalar su portafolio Airbnb utilizando las estrategias hipotecarias adecuadas. Aprenderá a identificar las mejores opciones de financiamiento para cada etapa de crecimiento, cómo estructurar sus operaciones para maximizar las probabilidades de aprobación y cómo optimizar su portafolio tanto para flujo de efectivo como para apreciación a largo plazo. Cada concepto se construye sobre el anterior, creando un marco integral que podrá aplicar de inmediato.

Al final de este recorrido, ya no verá las propiedades Airbnb como inversiones aisladas. En cambio, las verá como componentes de un sistema financiero más grande: uno que puede diseñarse, optimizarse y expandirse con el tiempo. Este cambio de perspectiva es lo que transforma a un inversionista en un verdadero constructor de portafolios. Es lo que le permite ir más allá de las ganancias a corto plazo y crear riqueza duradera a través de bienes raíces.

Este libro representa el siguiente nivel en su camino de inversión en Airbnb. Ya sea que actualmente posea una propiedad o varias, las estrategias descritas aquí le ayudarán a escalar con confianza, evitar errores comunes y desbloquear todo el potencial del financiamiento para alquileres a corto plazo. La oportunidad de construir un portafolio de propiedades generadoras de ingresos nunca ha sido tan accesible, pero el éxito requiere conocimiento, planificación y ejecución. A medida que avance, recuerde que cada propiedad que adquiera no es simplemente una inversión: es un bloque fundamental dentro de una estrategia más grande diseñada para crear libertad financiera y éxito a largo plazo.

Capítulo 1

La Base para Escalar Propiedades de Inversión Airbnb

Escalar un portafolio Airbnb comienza con un cambio fundamental de mentalidad. La mayoría de los inversionistas abordan su primera propiedad con una mentalidad enfocada en una sola operación, concentrándose en si una propiedad individual generará flujo de efectivo, calificará para financiamiento y tendrá un buen desempeño en el mercado. Aunque este enfoque es efectivo para comenzar, se vuelve limitado cuando el objetivo es construir un portafolio de múltiples propiedades generadoras de ingresos. A nivel de portafolio, cada decisión debe evaluarse no solo por su mérito individual, sino también por cómo contribuye a la estrategia general. La base de la escalabilidad radica en comprender que cada propiedad es parte de un sistema y que ese sistema debe diseñarse intencionalmente desde el principio.

El primer principio para escalar es tener claridad en el objetivo. Muchos inversionistas dicen que quieren más propiedades, pero la verdadera pregunta es por qué. ¿El objetivo es maximizar el flujo de efectivo mensual, construir apreciación a largo plazo, crear ventajas fiscales o alcanzar independencia financiera dentro de un plazo específico? La respuesta a esta pregunta influye en cada decisión posterior, incluyendo la selección de propiedades, la estructura de financiamiento y el ritmo de crecimiento. Por ejemplo, un inversionista enfocado en flujo de efectivo agresivo puede priorizar mercados con alta demanda de alquileres a corto plazo y fuertes tarifas diarias promedio, incluso si la apreciación es moderada. Por otro lado, un inversionista que busca riqueza a largo plazo puede aceptar menor flujo de efectivo a cambio de propiedades ubicadas en mercados con fuerte apreciación. Sin un objetivo claro, el crecimiento se vuelve inconsistente e ineficiente.

Una vez definido el objetivo, el siguiente paso es comprender la capacidad de financiamiento. Muchos inversionistas subestiman la rapidez con la que se alcanzan los límites del financiamiento tradicional. Los préstamos convencionales suelen limitar el número de propiedades financiadas y dependen en gran medida de los ingresos personales y de la relación deuda-ingreso. Esto crea un cuello de botella para los inversionistas que intentan escalar rápidamente. Para superar esta limitación, es esencial hacer la transición temprana hacia estrategias de financiamiento diseñadas para inversionistas, como préstamos DSCR y programas Non-QM. Estos tipos de préstamos evalúan el potencial de ingresos de la propiedad en lugar de los ingresos personales del prestatario, permitiendo mayor flexibilidad y escalabilidad. Sin embargo, también introducen nuevos requisitos, como mayores reservas y una posición crediticia más sólida, que deben planificarse con anticipación.

Otro componente crítico de la escalabilidad es la secuencia de adquisición. El orden en el que se adquieren las propiedades puede impactar significativamente el éxito a largo plazo. Por ejemplo, adquirir una propiedad de alto rendimiento al principio del proceso puede fortalecer el perfil financiero del inversionista y mejorar la calificación para préstamos posteriores. Por el contrario, asumir una operación marginal con flujo de efectivo débil puede afectar los recursos y limitar oportunidades futuras. La secuencia estratégica implica priorizar propiedades que no solo funcionen bien individualmente, sino que también fortalezcan el portafolio en general. Esto requiere una visión a futuro, donde cada adquisición se evalúe dentro del contexto de futuras operaciones.

La selección del mercado juega un papel igualmente importante en la construcción de un portafolio Airbnb escalable. No todos los mercados son igualmente adecuados para alquileres a corto plazo y no todos se comportan de la misma manera con el tiempo. Algunas áreas ofrecen alta demanda y tarifas nocturnas elevadas, pero están sujetas a regulaciones estrictas, mientras que otras proporcionan más estabilidad pero menor potencial de ingresos. Un portafolio exitoso suele incluir una mezcla de mercados, equilibrando riesgo y rentabilidad. Por ejemplo, combinar un destino vacacional de alto rendimiento con un mercado urbano estable puede crear un portafolio más resistente. Comprender las regulaciones locales, las tendencias de ocupación y la competencia es esencial para tomar decisiones informadas a escala.

Además de la selección del mercado, el tipo de propiedad debe considerarse cuidadosamente. Diferentes tipos de propiedades atraen diferentes tipos de huéspedes y generan distintos niveles de ingresos. Una propiedad de lujo en una ubicación privilegiada puede generar altas tarifas nocturnas, pero requerir una inversión inicial significativa y mayores costos de mantenimiento. Una propiedad más pequeña y asequible puede generar ocupación constante, pero menores ingresos generales. Escalar de manera efectiva implica seleccionar propiedades que se alineen con los objetivos del inversionista mientras se mantiene un equilibrio entre riesgo y retorno. La diversificación entre tipos de propiedades puede mejorar aún más la estabilidad y el desempeño.

El análisis del flujo de efectivo se vuelve cada vez más importante a medida que crece el portafolio. A nivel de una sola propiedad, pequeñas variaciones en ingresos o gastos pueden no tener un impacto significativo. Sin embargo, cuando se multiplican a través de múltiples propiedades, estas variaciones pueden afectar drásticamente el desempeño general. Los inversionistas deben desarrollar la capacidad de analizar operaciones con precisión, considerando factores como tarifa diaria promedio, tasa de ocupación, gastos operativos y costos de financiamiento. Este nivel de análisis permite tomar mejores decisiones y ayuda a garantizar que cada propiedad contribuya positivamente al portafolio.

Otro aspecto clave de la escalabilidad es la administración de reservas. Los prestamistas a menudo requieren reservas para cada propiedad, generalmente expresadas como un número de meses de pagos hipotecarios. A medida que aumenta el número de propiedades, también aumentan los requisitos totales de reservas. Esto puede convertirse en un factor limitante si no se maneja correctamente. Los inversionistas deben planificar las reservas como parte de su estrategia general, asegurándose de contar con suficiente liquidez para respaldar tanto las propiedades existentes como futuras adquisiciones. Mantener reservas adecuadas también proporciona protección contra eventos inesperados, como fluctuaciones del mercado o caídas temporales en la ocupación.

La eficiencia operativa también es fundamental para el éxito de la escalabilidad. Administrar múltiples propiedades Airbnb requiere sistemas y procesos capaces de manejar una complejidad creciente. Esto incluye desde la comunicación con huéspedes y estrategias de precios hasta limpieza y mantenimiento. A medida que el portafolio crece, muchos inversionistas deciden utilizar empresas de administración de propiedades o herramientas de automatización para optimizar operaciones. Aunque esto puede reducir ligeramente los márgenes, permite una mayor escalabilidad y libera tiempo para enfocarse en adquirir nuevas propiedades y optimizar el portafolio.

La gestión del riesgo es un tema central que atraviesa todos los aspectos de la escalabilidad. Los mercados de alquileres a corto plazo pueden ser volátiles y los cambios regulatorios pueden ocurrir con poca anticipación. Los inversionistas deben estar preparados para adaptarse y mitigar riesgos mediante diversificación, financiamiento conservador y administración proactiva. Esto incluye seleccionar propiedades en áreas con regulaciones favorables, mantener fuertes reservas financieras y monitorear continuamente las condiciones del mercado. Al gestionar el riesgo de manera efectiva, los inversionistas pueden proteger sus portafolios mientras continúan creciendo.

Finalmente, escalar requiere disciplina y consistencia. Es fácil distraerse con nuevas oportunidades o desviarse de la estrategia original. Sin embargo, el éxito a largo plazo se logra manteniéndose enfocado en el objetivo y ejecutando el plan consistentemente con el tiempo. Esto significa evaluar cuidadosamente cada operación, mantener disciplina financiera y refinar continuamente la estrategia basada en experiencia y condiciones del mercado. Escalar no es un evento único, sino un proceso continuo que requiere compromiso y adaptabilidad.

Ejemplo Matemático de la Vida Real: Escalando un Portafolio Airbnb de 5 Propiedades

Para comprender cómo se aplican estos principios en la práctica, considere un ejemplo real de un inversionista que construye un portafolio de cinco propiedades Airbnb durante un período de tres años. El inversionista comienza con un objetivo claro: generar $10,000 mensuales en flujo de efectivo neto mientras construuye patrimonio a largo plazo. La estrategia consiste en adquirir propiedades que cumplan criterios específicos, incluyendo fuerte demanda de alquileres a corto plazo, términos de financiamiento favorables y flujo de efectivo positivo después de gastos.

La primera propiedad se compra por $300,000 con un pago inicial del 20%, resultando en un monto financiado de $240,000. El pago hipotecario mensual, incluyendo capital, intereses, impuestos y seguro, es aproximadamente de $1,800. La propiedad genera una tarifa diaria promedio de $200 con una ocupación del 70%, produciendo ingresos brutos mensuales de $4,200. Después de considerar gastos operativos como limpieza, utilidades, administración y mantenimiento, que totalizan $1,500 mensuales, el flujo de efectivo neto es de $900 por mes. Esta propiedad establece la base del portafolio.

Animado por el desempeño de la primera propiedad, el inversionista adquiere una segunda propiedad con características similares. Sin embargo, debido a una mayor experiencia y mejor selección de mercado, la segunda propiedad alcanza una tarifa diaria promedio de $220 y una ocupación ligeramente superior del 72%. El precio de compra es de $320,000 con la misma estructura de pago inicial del

20%. El pago hipotecario mensual es de $1,920 y los ingresos brutos mensuales son aproximadamente de $4,752. Después de gastos de $1,600, el flujo de efectivo neto es de $1,232 mensuales. En esta etapa, el flujo de efectivo total del portafolio es de $2,132 mensuales.

La tercera propiedad se adquiere utilizando un préstamo DSCR, permitiendo que el inversionista califique basado en los ingresos de la propiedad en lugar de ingresos personales. El precio de compra es de $350,000 con un pago inicial del 25%, resultando en un préstamo de $262,500. El pago hipotecario mensual es de $2,100. Esta propiedad está ubicada en un mercado vacacional de alta demanda, con una tarifa diaria promedio de $250 y una ocupación del 68%, generando ingresos brutos mensuales de $5,100. Los gastos operativos son más altos, alcanzando $1,800 debido a mayores costos de administración y mantenimiento, resultando en un flujo de efectivo neto de $1,200 mensuales. El flujo de efectivo total del portafolio ahora alcanza $3,332 mensuales.

La cuarta propiedad se selecciona estratégicamente para equilibrar el portafolio proporcionando una ocupación más estable durante todo el año. El precio de compra es de $280,000 con un pago inicial del 20%, y el pago hipotecario mensual es de $1,700. La propiedad genera una tarifa diaria promedio de $180 con una ocupación del 75%, resultando en ingresos brutos mensuales de $4,050. Después de gastos de $1,400, el flujo de efectivo neto es de $950 mensuales. El flujo de efectivo total del portafolio aumenta a $4,282 mensuales.

La quinta propiedad es una inversión de nivel superior diseñada para aumentar significativamente el flujo de efectivo general. El precio de compra es de $400,000 con un pago inicial del 25%, y el pago hipotecario mensual es de $2,500. La propiedad alcanza una tarifa diaria promedio de $300 con una ocupación del 65%, generando ingresos brutos mensuales de $5,850. Los gastos operativos son de $2,000, resultando en un flujo de efectivo neto de $1,350 mensuales. Con esta incorporación, el flujo de efectivo total del portafolio alcanza $5,632 mensuales.

Aunque el inversionista aún no ha alcanzado el objetivo inicial de $10,000 mensuales, el portafolio demuestra un fuerte crecimiento y escalabilidad. Con el tiempo, aumentos en tarifas diarias promedio, mejoras en ocupación y oportunidades de refinanciamiento pueden incrementar aún más el flujo de efectivo. Además, el portafolio se beneficia de la apreciación del patrimonio, que puede aprovecharse para adquirir propiedades adicionales u optimizar financiamientos existentes. Este ejemplo ilustra cómo la planificación estratégica, la ejecución disciplinada y el análisis cuidadoso pueden conducir a un portafolio Airbnb escalable y rentable. Al comprender los números detrás de cada operación y cómo contribuyen al sistema general, los inversionistas pueden tomar decisiones informadas y construir un portafolio alineado con sus objetivos financieros.

Capítulo 2

Estrategias de Financiamiento para Escalar Múltiples Propiedades Airbnb

A medida que un inversionista avanza más allá de las primeras propiedades Airbnb, el financiamiento se convierte en el factor más crítico para determinar qué tan rápido y qué tan lejos puede crecer un portafolio. En las primeras etapas, muchos inversionistas dependen de préstamos convencionales, utilizando sus ingresos personales, perfil crediticio y relaciones deuda-ingreso para calificar. Aunque este enfoque puede ser efectivo para adquirir una o dos propiedades, rápidamente se vuelve restrictivo cuando se intenta escalar. La transición de inversionista principiante a constructor de portafolios requiere una comprensión más profunda de estrategias de financiamiento alternativas diseñadas específicamente para inversionistas inmobiliarios, especialmente aquellos enfocados en alquileres a corto plazo.

La base del financiamiento escalable radica en reconocer las limitaciones de los préstamos tradicionales. Los préstamos convencionales generalmente imponen límites en la cantidad de propiedades financiadas, muchas veces restringiendo a los prestatarios a diez propiedades o menos. Además, estos préstamos dependen en gran medida de los ingresos personales, lo que dificulta la calificación para inversionistas independientes o personas con ingresos variables. A medida que se agregan más propiedades, la relación deuda-ingreso del prestatario aumenta, llegando eventualmente a un punto donde nuevas aprobaciones se vuelven poco probables. Esto crea un cuello de botella que puede detener el crecimiento si no se implementan estrategias alternativas desde el principio.

Para superar estas limitaciones, los inversionistas deben hacer la transición hacia préstamos DSCR (Debt Service Coverage Ratio), los cuales evalúan el potencial de ingresos de la propiedad en lugar de los ingresos personales del prestatario. Este cambio transforma completamente el panorama para los inversionistas Airbnb. En lugar de demostrar ingresos mediante declaraciones de impuestos o verificaciones de empleo, el enfoque se centra en si la propiedad genera suficientes ingresos para cubrir el pago hipotecario. Esto permite a los inversionistas escalar más rápidamente, especialmente al adquirir propiedades en mercados sólidos de alquileres a corto plazo. Sin embargo, los préstamos DSCR también presentan sus propias consideraciones, incluyendo tasas de interés más altas, mayores requisitos de pago inicial y expectativas de reservas más estrictas.

Comprender cómo los prestamistas calculan el DSCR es esencial para optimizar el financiamiento. En esencia, el DSCR es la relación entre los ingresos de una propiedad y sus obligaciones de deuda. Un DSCR superior a 1.0 indica que la propiedad genera suficientes ingresos para cubrir sus gastos, mientras que una relación más alta proporciona un mayor margen de seguridad. Para propiedades Airbnb, este cálculo puede basarse en ingresos proyectados de alquileres a corto plazo, estimaciones de alquileres a largo plazo o una combinación de ambos, dependiendo del prestamista. Los inversionistas que entienden cómo presentar de manera efectiva el potencial de ingresos de sus propiedades pueden mejorar significativamente sus probabilidades de aprobación y obtener mejores términos de préstamo.

Otra estrategia clave para escalar es el uso de programas Non-QM (hipotecas no calificadas). Estos préstamos están diseñados para prestatarios que no encajan dentro de las guías tradicionales de aprobación, como personas independientes o aquellas con perfiles financieros complejos. Los préstamos Non-QM pueden incluir programas de estados de cuenta bancarios, financiamiento basado en activos y opciones de solo intereses, cada uno ofreciendo ventajas únicas para inversionistas. Por ejemplo, un préstamo basado en estados de cuenta bancarios permite que el prestatario califique utilizando depósitos bancarios en lugar de ingresos gravables, lo cual es beneficioso para quienes deducen numerosos gastos. Los préstamos basados en activos, por otro lado, se enfocan en los activos líquidos del prestatario en lugar de sus ingresos, ofreciendo otra vía para obtener aprobación.

Los prestamistas de portafolio también desempeñan un papel crucial en la expansión de inversiones Airbnb. A diferencia de los prestamistas tradicionales que venden los préstamos en el mercado secundario, los prestamistas de portafolio mantienen los préstamos en sus propios balances. Esto les brinda mayor flexibilidad en el análisis hipotecario y les permite adaptar las condiciones del préstamo a las necesidades específicas del inversionista. Los prestamistas de portafolio pueden ofrecer soluciones personalizadas, como préstamos blanket que cubren múltiples propiedades bajo una sola hipoteca o estrategias de garantía cruzada que aprovechan el patrimonio acumulado en todo el portafolio. Estas opciones pueden simplificar el financiamiento y reducir la complejidad administrativa, facilitando la administración de múltiples propiedades.

A medida que los inversionistas escalan, administrar el apalancamiento se vuelve cada vez más importante. El apalancamiento permite controlar más activos con menos capital, pero también introduce riesgo. Un alto nivel de apalancamiento puede amplificar las ganancias cuando las propiedades funcionan bien, pero también puede magnificar las pérdidas durante periodos de desaceleración. Los inversionistas exitosos encuentran un equilibrio entre crecimiento y estabilidad, asegurándose de que su estructura de financiamiento apoye la sostenibilidad a largo plazo. Esto incluye mantener reservas suficientes, evitar sobreextenderse y seleccionar términos de préstamo alineados con sus objetivos de flujo de efectivo.

La estrategia de tasas de interés es otra consideración crítica al escalar financiamiento. Tasas de interés más altas pueden reducir el flujo de efectivo e impactar el desempeño general del portafolio, especialmente cuando se manejan múltiples propiedades. Los inversionistas deben evaluar si priorizar tasas más bajas, plazos más largos o estructuras de préstamo más flexibles. En algunos casos, aceptar una tasa ligeramente más alta a cambio de una calificación más sencilla o un cierre más rápido puede ser beneficioso, particularmente al adquirir propiedades de alto rendimiento. La clave es analizar cómo cada decisión de financiamiento afecta el portafolio completo en lugar de enfocarse únicamente en operaciones individuales.

El refinanciamiento y la extracción de patrimonio también son herramientas esenciales para escalar. A medida que las propiedades se aprecian y aumenta el patrimonio, los inversionistas pueden acceder a este capital mediante refinanciamientos cash-out o líneas de crédito sobre el patrimonio de la vivienda. Este capital puede reinvertirse en propiedades adicionales, acelerando el crecimiento. Esta estrategia, conocida frecuentemente como "reciclaje de patrimonio", permite expandir el portafolio sin depender únicamente de nuevo capital. Sin embargo, debe ejecutarse cuidadosamente para evitar un exceso de apalancamiento y garantizar que cada nueva inversión contribuya positivamente al portafolio.

Otro aspecto importante del financiamiento de múltiples propiedades Airbnb es la diversificación de prestamistas. Depender de un solo prestamista puede limitar la flexibilidad y aumentar el riesgo si ese prestamista cambia sus guías o reduce su exposición a propiedades de alquiler a corto plazo. Al trabajar con múltiples prestamistas, los inversionistas pueden acceder a una gama más amplia de productos hipotecarios y mantener mayor control sobre su estrategia de financiamiento. Este enfoque también permite comparar condiciones y seleccionar las mejores opciones para cada operación.

Finalmente, escalar financiamiento requiere organización y preparación. A medida que aumenta el número de propiedades, también aumenta la complejidad de administrar préstamos, documentación y registros financieros. Los inversionistas deben mantener registros precisos y actualizados, incluyendo estados de ingresos, reportes de gastos y datos de desempeño de propiedades. Esto no solo facilita solicitudes de préstamo más fluidas, sino que también proporciona información valiosa sobre la salud del portafolio. Estar organizado y ser proactivo puede mejorar significativamente la eficiencia y reducir el estrés a medida que el portafolio crece.

Ejemplo Matemático de la Vida Real: Financiamiento y Escalabilidad Utilizando DSCR y Extracción de Patrimonio

Considere un inversionista que comienza con el objetivo de adquirir seis propiedades Airbnb en un periodo de cuatro años utilizando una combinación de préstamos DSCR y extracción de patrimonio. La primera propiedad se compra por $300,000 con un pago inicial del 20%, resultando en un préstamo de $240,000. La tasa de interés es del 7% y el pago hipotecario mensual es aproximadamente de $1,900. La propiedad genera $4,200 en ingresos mensuales, con gastos de $1,500, resultando en un flujo de efectivo neto de $800 mensuales.

Después de un año, la propiedad se aprecia hasta $330,000, creando $30,000 en patrimonio adicional. El inversionista realiza un refinanciamiento cash-out al 75% del valor de la propiedad, obteniendo un nuevo préstamo de $247,500. Después de pagar el préstamo original, el inversionista recibe aproximadamente $7,500 en efectivo, que se combinan con ahorros para financiar el pago inicial de la segunda propiedad.

La segunda propiedad se compra por $320,000 utilizando un préstamo DSCR con un pago inicial del 25%. El préstamo es de $240,000, con un pago mensual de $2,000. La propiedad genera $4,800 en ingresos mensuales y tiene gastos de $1,600, resultando en un flujo de efectivo neto de $1,200 mensuales. El flujo de efectivo combinado de ambas propiedades ahora es de $2,000 mensuales.

En el segundo año, ambas propiedades se aprecian un 8%, incrementando su valor combinado a aproximadamente $702,000. El inversionista utiliza un prestamista de portafolio para realizar un refinanciamiento blanket, consolidando ambos préstamos y extrayendo patrimonio adicional. Esto resulta en $40,000 de capital disponible, utilizado para adquirir la tercera propiedad.

La tercera propiedad se compra por $350,000 utilizando un préstamo DSCR y un pago inicial del 25%. El pago hipotecario mensual es de $2,200 y la propiedad genera $5,200 en ingresos con $1,800 en gastos, resultando en un flujo de efectivo neto de $1,200 mensuales. El flujo de efectivo total del portafolio ahora alcanza $3,200 mensuales.

Para el tercer año, el inversionista repite el proceso, aprovechando la apreciación y el flujo de efectivo para adquirir dos propiedades adicionales. La cuarta propiedad se compra por $280,000, generando $900 mensuales en flujo de efectivo, y la quinta propiedad se compra por $400,000, generando $1,400 mensuales en flujo de efectivo. El flujo de efectivo total del portafolio aumenta a $5,500 mensuales.

En el cuarto año, el inversionista adquiere una sexta propiedad utilizando el flujo de efectivo acumulado y el patrimonio disponible, agregando $1,500 adicionales en flujo de efectivo mensual. En este punto, el portafolio consiste en seis propiedades que generan un total de $7,000 mensuales en flujo de efectivo neto. Además, el valor combinado de las propiedades ha crecido significativamente debido a la apreciación, creando un patrimonio considerable.

Este ejemplo demuestra cómo un financiamiento estratégico, combinado con una ejecución disciplinada, puede permitir un crecimiento acelerado del portafolio. Al aprovechar préstamos DSCR, oportunidades de refinanciamiento y extracción de patrimonio, el inversionista logra escalar eficientemente mientras mantiene flujo de efectivo positivo. Cada paso construye sobre el anterior, creando un efecto compuesto que acelera la creación de riqueza con el tiempo.

La lección principal es que el financiamiento no es simplemente una herramienta para adquirir propiedades; es una estrategia para construir un portafolio escalable y sostenible. Al comprender y aplicar estos principios, los inversionistas pueden desbloquear nuevas oportunidades y alcanzar sus objetivos a largo plazo.

Capítulo 3

Estrategia de Portafolio y Selección de Mercados para Escalar Airbnb

A medida que un inversionista pasa de adquirir propiedades Airbnb individuales a construir un portafolio escalable, la importancia de la estrategia de portafolio y la selección de mercados se vuelve cada vez más crítica. Mientras que el financiamiento proporciona el combustible para el crecimiento, la estrategia determina la dirección y la sostenibilidad de ese crecimiento. Sin una estrategia de portafolio bien definida, incluso el plan de adquisición más agresivo puede conducir a inestabilidad, flujo de efectivo inconsistente y mayor riesgo. Este capítulo se enfoca en cómo diseñar un portafolio que no solo sea rentable, sino también resistente, escalable y alineado con objetivos financieros a largo plazo.

El primer concepto que debe comprenderse es que un portafolio no es simplemente una colección de propiedades; es un sistema. Cada propiedad desempeña un papel dentro de ese sistema, contribuyendo al rendimiento general, la gestión del riesgo y el potencial de crecimiento. Cuando las propiedades se seleccionan sin una estrategia cohesiva, el portafolio puede desequilibrarse, con algunos activos teniendo bajo rendimiento mientras otros soportan la carga financiera. Un portafolio bien estructurado, por otro lado, está diseñado intencionalmente para equilibrar ingresos, apreciación y estabilidad entre múltiples activos.

La selección del mercado es una de las decisiones más importantes en la construcción de un portafolio Airbnb. Diferentes mercados ofrecen diferentes oportunidades y riesgos, y comprender estas dinámicas es esencial para tomar decisiones de inversión informadas. Los destinos vacacionales de alta demanda, como ciudades de playa o zonas turísticas populares, suelen ofrecer fuertes tarifas nocturnas y alto potencial de ingresos. Sin embargo, estos mercados también pueden ser altamente estacionales y estar sujetos a cambios regulatorios. Los mercados urbanos pueden ofrecer ocupación más consistente, aunque con tarifas diarias promedio más bajas. Los mercados suburbanos o emergentes pueden proporcionar un equilibrio entre asequibilidad y potencial de crecimiento, haciéndolos atractivos para la escalabilidad a largo plazo.

Una estrategia clave para el éxito del portafolio es la diversificación entre mercados. En lugar de concentrar todas las inversiones en una sola ubicación, los inversionistas pueden distribuir sus propiedades entre múltiples mercados para reducir el riesgo. Por ejemplo, combinar una propiedad vacacional de alto rendimiento en un destino turístico con una propiedad estable de ocupación anual en un área suburbana puede crear una fuente de ingresos más estable. Si un mercado experimenta una desaceleración debido a estacionalidad o cambios regulatorios, las otras propiedades pueden ayudar a compensar el impacto. Este enfoque mejora la resiliencia y reduce la dependencia de cualquier mercado individual.

Otro factor crítico en la selección del mercado es el entorno regulatorio. Las regulaciones de alquileres a corto plazo varían significativamente de una ubicación a otra y estas reglas pueden cambiar con el tiempo. Algunas ciudades imponen restricciones estrictas sobre propiedades Airbnb, incluyendo requisitos de licencia, límites de ocupación y regulaciones de zonificación. Otras son más favorables para inversionistas, permitiendo mayor flexibilidad y escalabilidad. Antes de adquirir una propiedad, es esencial investigar las regulaciones locales y evaluar la viabilidad a largo plazo de los alquileres a corto plazo en esa área. Invertir en mercados con entornos regulatorios estables y favorables puede reducir el riesgo y proporcionar mayor confianza al momento de escalar.

La selección del tipo de propiedad está estrechamente relacionada con la estrategia de mercado. Diferentes tipos de propiedades atraen distintos perfiles de huéspedes y generan niveles variables de ingresos. Por ejemplo, una propiedad de lujo en una ubicación privilegiada puede atraer viajeros de alto nivel y generar ingresos significativos, pero también requiere una inversión más grande y mayores costos operativos. Una propiedad más pequeña y asequible puede atraer viajeros conscientes del presupuesto y proporcionar ocupación constante, aunque con menores ingresos generales. Un portafolio equilibrado suele incluir una mezcla de tipos de propiedades, permitiendo a los inversionistas capturar diferentes segmentos del mercado y optimizar el desempeño general.

Comprender los factores que impulsan la demanda es otro componente esencial de la selección del mercado. Factores como tendencias turísticas, atracciones locales, actividad empresarial y eventos estacionales pueden influir significativamente en el rendimiento de los alquileres a corto plazo. Las propiedades ubicadas cerca de atracciones populares, playas o distritos empresariales suelen experimentar mayor demanda y tasas de ocupación. Además, los mercados con impulsores de demanda diversificados, como turismo y viajes de negocios al mismo ticmpo, tienden a ser más estables y menos susceptibles a fluctuaciones. Analizar estos factores ayuda a los inversionistas a identificar mercados con demanda sólida y sostenible.

La optimización del flujo de efectivo a nivel de portafolio requiere un enfoque integral. Aunque las propiedades individuales puedan tener buen desempeño, el portafolio completo debe evaluarse como un todo. Esto incluye analizar ingresos totales, gastos y costos de financiamiento en todas las propiedades. Los inversionistas deben aspirar a crear un portafolio donde las propiedades de alto rendimiento puedan respaldar aquellas con menor desempeño durante ciertos periodos. Este enfoque garantiza un flujo de efectivo consistente y reduce el impacto de fluctuaciones temporales en propiedades individuales.

Otro aspecto importante de la estrategia de portafolio es la escalabilidad. Algunos mercados y tipos de propiedades son más fáciles de replicar que otros. Por ejemplo, si un inversionista encuentra éxito con un tipo específico de propiedad en un mercado determinado, puede replicar ese modelo en múltiples propiedades. Esto crea eficiencia tanto en adquisición como en administración, ya que el inversionista puede aprovechar conocimientos y sistemas existentes.

Identificar oportunidades escalables permite un crecimiento más rápido y resultados más predecibles.

Las consideraciones operativas también desempeñan un papel significativo en la estrategia de portafolio. Administrar propiedades en múltiples mercados requiere coordinación y sistemas eficientes. Los inversionistas deben decidir si administrarán las propiedades personalmente o utilizarán compañías de administración, y cómo mantener estándares consistentes entre todas las propiedades. La tecnología, como herramientas automatizadas de precios y plataformas de comunicación, puede ayudar a optimizar operaciones y mejorar la eficiencia. A medida que el portafolio crece, la excelencia operativa se convierte en un factor clave para mantener rentabilidad y satisfacción de los huéspedes.

La gestión del riesgo está profundamente integrada en la estrategia de portafolio. La diversificación, el financiamiento conservador y la selección cuidadosa de mercados contribuyen a reducir el riesgo. Además, mantener reservas adecuadas y monitorear las condiciones del mercado son esenciales para proteger el portafolio. Los inversionistas deben estar preparados para adaptar su estrategia en respuesta a cambios del mercado, ya sea debido a condiciones económicas, modificaciones regulatorias o tendencias cambiantes de viaje.

Un enfoque proactivo hacia la gestión del riesgo garantiza estabilidad y éxito a largo plazo.

Finalmente, la visión a largo plazo es la fuerza guía detrás de la estrategia de portafolio. Escalar un portafolio Airbnb no se trata solo de adquirir propiedades; se trata de construir un sistema que genere ingresos sostenibles y cree riqueza duradera. Esto requiere paciencia, disciplina y compromiso con la mejora continua. Al alinear cada decisión con una visión clara a largo plazo, los inversionistas pueden construir un portafolio que no solo cumpla sus objetivos financieros, sino que también proporcione flexibilidad y seguridad para el futuro.

Ejemplo Matemático de la Vida Real: Construcción de un Portafolio Airbnb Diversificado en Tres Mercados

Para ilustrar cómo funcionan en la práctica la estrategia de portafolio y la selección de mercados, considere un inversionista que construye un portafolio Airbnb diversificado en tres mercados diferentes durante un periodo de cuatro años. El objetivo del inversionista es crear un portafolio equilibrado que genere flujo de efectivo consistente mientras minimiza el riesgo mediante diversificación.

La primera propiedad está ubicada en un mercado vacacional de alta demanda y se compra por $350,000. La propiedad genera una tarifa diaria promedio de $250 con una tasa de ocupación del 70%, resultando en ingresos brutos mensuales aproximados de $5,250. Los gastos operativos, incluyendo limpieza, utilidades y administración, totalizan $1,800 mensuales. El pago hipotecario es de $2,200, resultando en un flujo de efectivo neto de $1,250 mensuales.

La segunda propiedad está ubicada en un mercado urbano con demanda más consistente. Se compra por $300,000 y genera una tarifa diaria promedio de $180 con una ocupación del 75%, resultando en ingresos brutos mensuales de $4,050. Los gastos operativos son de $1,500 y el pago hipotecario es de $1,900, resultando en un flujo de efectivo neto de $650 mensuales. En esta etapa, el flujo de efectivo total del portafolio es de $1,900 mensuales.

La tercera propiedad está ubicada en un mercado suburbano con fuerte potencial de crecimiento a largo plazo. Se compra por $280,000 y genera una tarifa diaria promedio de $160 con una ocupación del 80%, resultando en ingresos brutos mensuales de $3,840. Los gastos operativos son de $1,300 y el pago hipotecario es de $1,700, resultando en un flujo de efectivo neto de $840 mensuales. El flujo de efectivo total del portafolio aumenta a $2,740 mensuales.

En el segundo año, el inversionista agrega una cuarta propiedad en el mercado vacacional, aprovechando su experiencia y sistemas existentes. Esta propiedad genera $1,400 mensuales en flujo de efectivo, aumentando el flujo de efectivo total del portafolio a $4,140 mensuales. Luego, el inversionista agrega una quinta propiedad en el mercado urbano, generando $800 mensuales en flujo de efectivo, llevando el total a $4,940 mensuales.

Para el tercer año, el inversionista se expande a un nuevo mercado con fuerte crecimiento turístico, adquiriendo una sexta propiedad que genera $1,500 mensuales en flujo de efectivo. El flujo de efectivo total del portafolio alcanza $6,440 mensuales. En este punto, el portafolio está bien diversificado entre cuatro mercados, reduciendo la exposición a fluctuaciones de cualquier mercado individual.

En el cuarto año, el inversionista se enfoca en optimizar el rendimiento en lugar de expandirse agresivamente. Al mejorar estrategias de precios, aumentar tasas de ocupación y reducir gastos, el inversionista incrementa el flujo de efectivo promedio por propiedad en $200 mensuales. Con seis propiedades, esto resulta en $1,200 adicionales de flujo de efectivo mensual, llevando el total a $7,640 mensuales.

Este ejemplo demuestra cómo la diversificación y la selección estratégica de mercados pueden mejorar tanto la estabilidad como la rentabilidad. Al distribuir inversiones entre múltiples mercados y tipos de propiedades, el inversionista reduce el riesgo mientras mantiene un fuerte flujo de efectivo. Cada propiedad contribuye al sistema general, creando un portafolio que es mayor que la suma de sus partes.

La lección principal es que escalar exitosamente requiere más que simplemente adquirir propiedades; requiere un enfoque reflexivo e intencional hacia el diseño del portafolio. Al comprender las dinámicas del mercado, diversificar estratégicamente y optimizar continuamente el rendimiento, los inversionistas pueden construir un portafolio que ofrezca resultados consistentes y respalde el éxito financiero a largo plazo.

Capítulo 4

Optimización del Flujo de Efectivo y Maximización del Rendimiento

A medida que un inversionista Airbnb pasa de adquirir propiedades a administrar un portafolio en crecimiento, el enfoque debe cambiar hacia la optimización del flujo de efectivo y la maximización del rendimiento. Mientras que la adquisición es el motor del crecimiento, la optimización es lo que transforma un portafolio en un sistema financiero de alto rendimiento. Muchos inversionistas subestiman el impacto que pequeñas mejoras en precios, ocupación, gastos y financiamiento pueden generar cuando se multiplican a través de múltiples propiedades. Este capítulo explora cómo perfeccionar cada componente de su portafolio Airbnb para aumentar la rentabilidad, estabilidad y escalabilidad a largo plazo.

La base de la optimización del flujo de efectivo comienza con comprender los impulsores principales de los ingresos Airbnb: la tarifa diaria promedio (ADR), la tasa de ocupación y los ingresos por noche disponible. Estas tres variables determinan cuánto ingreso puede generar una propiedad, y pequeños ajustes pueden afectar significativamente el rendimiento general. Por ejemplo, aumentar la tarifa diaria promedio en tan solo $10 por noche puede generar cientos o incluso miles de dólares adicionales en ingresos anuales por propiedad. Cuando esto se aplica a un portafolio de múltiples propiedades, el impacto se vuelve exponencial. Los inversionistas deben analizar y ajustar continuamente estas variables para mantenerse competitivos y maximizar ingresos.

La fijación dinámica de precios es una de las herramientas más poderosas para optimizar ingresos. A diferencia de los alquileres tradicionales a largo plazo, las propiedades Airbnb operan en un mercado en constante cambio donde la demanda fluctúa según la temporada, eventos locales y tendencias generales de viaje. Los precios estáticos dejan dinero sobre la mesa durante periodos de alta demanda y reducen competitividad durante periodos lentos. Al utilizar estrategias de precios dinámicos —ya sea manualmente o mediante herramientas automatizadas— los inversionistas pueden ajustar tarifas en tiempo real para capturar ingresos máximos. Este enfoque garantiza que las propiedades estén optimizadas tanto para ocupación como para rentabilidad.

La optimización de ocupación es igualmente importante. Una tarifa diaria alta no tiene valor si la propiedad permanece vacía durante largos periodos. Los inversionistas deben encontrar un equilibrio entre precio y ocupación, asegurándose de que las propiedades sigan siendo atractivas para huéspedes mientras mantienen ingresos sólidos. Esto implica analizar patrones de reserva, ajustar requisitos mínimos de estadía y ofrecer incentivos para estancias más largas durante periodos lentos. Además, mejorar la calidad del anuncio, incluyendo fotografía profesional, descripciones atractivas y reseñas positivas, puede aumentar significativamente las tasas de reserva.

La administración de gastos es otro componente crítico de la optimización del flujo de efectivo. Aunque los ingresos suelen recibir la mayor atención, controlar gastos puede tener un impacto igualmente importante en la rentabilidad. Los gastos comunes incluyen limpieza, utilidades, mantenimiento, administración de propiedades y tarifas de plataformas. Los inversionistas deben revisar regularmente estos costos e identificar oportunidades de eficiencia. Por ejemplo, negociar mejores tarifas con servicios de limpieza, implementar soluciones de eficiencia energética u optimizar programas de mantenimiento puede reducir gastos sin comprometer calidad. Con el tiempo, estos ahorros se acumulan y mejoran el rendimiento general del portafolio.

La estructura de financiamiento también desempeña un papel clave en la optimización del flujo de efectivo. Las tasas de interés, los términos del préstamo y las estructuras de pago afectan directamente el flujo de efectivo mensual. Los inversionistas deben evaluar si refinanciar préstamos existentes, extender plazos o ajustar tasas de interés puede mejorar el rendimiento. Por ejemplo, cambiar de un préstamo a 20 años a uno a 30 años puede reducir pagos mensuales y aumentar flujo de efectivo, incluso si resulta en mayores intereses totales con el tiempo. El objetivo es alinear el financiamiento con los objetivos de flujo de efectivo, asegurando que cada propiedad contribuya positivamente al portafolio.

Otro factor importante en la maximización del rendimiento es la experiencia del huésped. Las experiencias de alta calidad generan reseñas positivas, reservas repetidas y mayor demanda. Esto, a su vez, permite a los inversionistas cobrar tarifas más altas y mantener fuerte ocupación. Elementos como limpieza, comunicación, amenidades y presentación general contribuyen a la satisfacción del huésped. Invertir en estas áreas puede generar retornos significativos al mejorar la reputación y competitividad de la propiedad en el mercado.

La optimización a nivel de portafolio requiere una perspectiva más amplia. En lugar de enfocarse únicamente en propiedades individuales, los inversionistas deben evaluar cómo cada propiedad contribuye al portafolio completo. Algunas propiedades pueden generar mayor flujo de efectivo, mientras otras pueden proporcionar estabilidad o potencial de apreciación. Al analizar el rendimiento a nivel de portafolio, los inversionistas pueden identificar oportunidades para reequilibrar u optimizar activos. Por ejemplo, propiedades de bajo rendimiento pueden mejorarse mediante renovaciones o cambios operativos, mientras que propiedades de alto rendimiento pueden justificar inversión adicional.

La estacionalidad es otra consideración clave en el rendimiento Airbnb. Muchos mercados experimentan fluctuaciones de demanda durante el año, con temporadas altas generando ingresos significativamente mayores. Los inversionistas deben planificar estas variaciones reservando fondos durante periodos de altos ingresos para cubrir posibles deficiencias durante meses más lentos. Además, ajustar estrategias de precios y mercadeo para alinearse con tendencias estacionales puede ayudar a mantener rendimiento consistente durante todo el año.

La tecnología y la automatización desempeñan un papel cada vez más importante en la optimización de operaciones Airbnb. Herramientas para precios dinámicos, mensajería automatizada y análisis de rendimiento pueden agilizar procesos y proporcionar información valiosa. Estas herramientas permiten a los inversionistas tomar decisiones basadas en datos y responder rápidamente a cambios del mercado. A medida que el portafolio crece, aprovechar tecnología se vuelve esencial para mantener eficiencia y escalabilidad.

La gestión del riesgo está estrechamente relacionada con la optimización del flujo de efectivo. Eventos inesperados, como problemas de mantenimiento, cambios regulatorios o fluctuaciones en la demanda, pueden afectar el rendimiento. Manteniendo reservas adecuadas, diversificando entre mercados e implementando estrategias de administración proactiva, los inversionistas pueden mitigar estos riesgos y proteger su flujo de efectivo. El objetivo es crear un portafolio resistente capaz de soportar fluctuaciones sin interrupciones significativas.

Finalmente, la mejora continua es la clave del éxito a largo plazo. El mercado Airbnb es dinámico y las estrategias que funcionan hoy pueden necesitar ajustes en el futuro. Los inversionistas deben permanecer adaptables, revisando regularmente el rendimiento e identificando oportunidades de mejora. Esto incluye mantenerse informado sobre tendencias del mercado, experimentar con nuevas estrategias y aprender tanto de éxitos como de desafíos. Al comprometerse con una optimización continua, los inversionistas pueden maximizar el potencial de su portafolio y lograr crecimiento sostenible.

Ejemplo Matemático de la Vida Real: Incrementando el Flujo de Efectivo en un Portafolio de 5 Propiedades

Para demostrar cómo funciona en la práctica la optimización del flujo de efectivo, considere un inversionista con un portafolio de cinco propiedades Airbnb. Cada propiedad tiene características similares, con una tarifa diaria promedio de $200 y una tasa de ocupación del 70%. Esto resulta en aproximadamente 21 noches reservadas por mes, generando $4,200 en ingresos mensuales por propiedad. Los gastos operativos promedian $1,500 mensuales y los pagos hipotecarios son de $1,800 mensuales, resultando en un flujo de efectivo neto de $900 por propiedad. El flujo de efectivo total del portafolio es de $4,500 mensuales.

El inversionista comienza implementando precios dinámicos, aumentando la tarifa diaria promedio en $15 durante periodos de alta demanda y ajustando precios durante periodos más lentos. Esto resulta en un incremento general de la tarifa diaria promedio a $215. Con la misma tasa de ocupación, los ingresos mensuales por propiedad aumentan a $4,515. Después de gastos y pagos hipotecarios, el flujo de efectivo neto aumenta a $1,215 por propiedad. El flujo de efectivo total del portafolio aumenta a $6,075 mensuales.

Posteriormente, el inversionista se enfoca en mejorar ocupación mediante mejoras en la calidad del anuncio y experiencia del huésped. Esto incluye fotografía profesional, mejores descripciones y tiempos de respuesta más rápidos. Como resultado, la ocupación aumenta de 70% a 75%, agregando aproximadamente 1.5 noches reservadas adicionales por mes. Los ingresos mensuales por propiedad aumentan a $4,837. Como los gastos permanecen relativamente estables, el flujo de efectivo neto aumenta a $1,537 por propiedad. El flujo de efectivo total del portafolio ahora alcanza $7,685 mensuales.

Luego, el inversionista apunta a reducir gastos negociando mejores tarifas de limpieza e implementando soluciones energéticamente eficientes. Los gastos mensuales disminuyen en $200 por propiedad, resultando en gastos de $1,300 mensuales. Esto incrementa el flujo de efectivo neto a $1,737 por propiedad. El flujo de efectivo total del portafolio aumenta a $8,685 mensuales.

Finalmente, el inversionista refinancia dos de las propiedades, reduciendo pagos hipotecarios mensuales en $200 por propiedad. Esto incrementa aún más el flujo de efectivo neto de esas propiedades a $1,937 cada una. Las tres propiedades restantes mantienen sus niveles anteriores de flujo de efectivo. El flujo de efectivo total del portafolio aumenta aproximadamente a $9,685 mensuales.

Mediante una combinación de optimización de precios, mejora de ocupación, administración de gastos y ajustes de financiamiento, el inversionista ha incrementado el flujo de efectivo mensual de $4,500 a casi $9,700. Esto demuestra el poder de la optimización y cómo mejoras incrementales pueden mejorar significativamente el rendimiento del portafolio.

La lección principal es que la optimización del flujo de efectivo no se trata de realizar un solo cambio grande, sino de implementar múltiples pequeñas mejoras que se acumulen con el tiempo. Al enfocarse en cada aspecto del rendimiento y perfeccionar continuamente las estrategias, los inversionistas pueden desbloquear todo el potencial de sus portafolios Airbnb y alcanzar sus objetivos financieros.

Capítulo 5

Sistemas, Automatización y Escalabilidad Operativa Eficiente

A medida que un inversionista Airbnb pasa de administrar una o dos propiedades a operar un portafolio de múltiples alquileres a corto plazo, la mayor limitación deja de ser encontrar oportunidades o asegurar financiamiento; pasa a ser la administración eficiente de las operaciones a escala. Muchos inversionistas llegan a un punto en el que se sienten abrumados por tareas diarias como comunicación con huéspedes, coordinación de limpieza, ajustes de precios, solicitudes de mantenimiento y administración de calendarios. Sin sistemas establecidos, escalar se vuelve caótico, inconsistente y finalmente insostenible. Este capítulo se enfoca en construir la infraestructura operativa necesaria para administrar un portafolio Airbnb en crecimiento de manera eficiente, rentable y con el menor estrés posible.

El primer principio de la escalabilidad operativa es reconocer que el tiempo es su activo más valioso. Al administrar una sola propiedad, puede ser posible manejar todo manualmente. Sin embargo, a medida que aumenta el número de propiedades, los procesos manuales rápidamente se vuelven ineficientes y propensos a errores. El objetivo es pasar de ser un operador a convertirse en un administrador de sistemas. Esto significa crear procesos repetibles que puedan ejecutarse consistentemente, ya sea mediante automatización o delegación. Al hacerlo, los inversionistas pueden liberar tiempo para enfocarse en actividades de mayor valor como adquisiciones, financiamiento y optimización del portafolio.

La estandarización es la base de operaciones escalables. Cada propiedad debe seguir un conjunto consistente de procesos, desde comunicación con huéspedes hasta protocolos de limpieza y procedimientos de mantenimiento. La estandarización garantiza que cada propiedad ofrezca una experiencia consistente al huésped, independientemente de la ubicación o tamaño. Esto incluye crear plantillas para mensajes a huéspedes, instrucciones de check-in y solicitudes de reseñas, así como establecer guías claras para limpieza y mantenimiento. Cuando los procesos están estandarizados, pueden replicarse fácilmente en nuevas propiedades, reduciendo la complejidad de la expansión.

La automatización es una herramienta poderosa para mejorar eficiencia y reducir carga de trabajo. Muchos aspectos de la administración Airbnb pueden automatizarse, incluyendo comunicación con huéspedes, ajustes de precios y administración de reservas. Los sistemas automatizados de mensajería pueden enviar instrucciones de check-in, recordatorios y mensajes de seguimiento sin requerir intervención manual. Las herramientas de precios dinámicos pueden ajustar tarifas en tiempo real según la demanda, garantizando precios óptimos sin monitoreo constante. Las herramientas de sincronización de calendarios pueden prevenir reservas dobles y agilizar programación en múltiples plataformas. Al aprovechar automatización, los inversionistas pueden administrar más propiedades con menos esfuerzo.

La delegación es otro componente clave de la escalabilidad operativa. Aunque la automatización puede manejar muchas tareas, ciertas responsabilidades requieren participación humana. Esto incluye limpieza, mantenimiento y soporte al huésped. Los inversionistas deben decidir si construir un equipo interno o trabajar con proveedores externos de servicios. Cada enfoque tiene sus ventajas y desafíos. Los equipos internos ofrecen mayor control y consistencia, mientras que los proveedores externos brindan flexibilidad y escalabilidad. La elección depende de los objetivos, recursos y tamaño del portafolio del inversionista. Independientemente del enfoque, la comunicación clara y las expectativas definidas son esenciales para mantener calidad y eficiencia.

Las compañías de administración de propiedades también pueden desempeñar un papel importante en la escalabilidad operativa. Para inversionistas que prefieren un enfoque más pasivo, los administradores de propiedades pueden manejar operaciones diarias, incluyendo comunicación con huéspedes, coordinación de limpieza y mantenimiento. Aunque esto generalmente implica una tarifa de administración, permite a los inversionistas enfocarse en crecimiento y estrategia en lugar de operaciones. Sin embargo, es importante evaluar cuidadosamente a los administradores de propiedades para garantizar que estén alineados con sus estándares y objetivos. No todas las compañías de administración son iguales, y seleccionar el socio adecuado puede tener un impacto significativo en el rendimiento.

La integración tecnológica es fundamental para administrar un portafolio en crecimiento. Los sistemas de administración de propiedades (PMS) funcionan como el centro principal para manejar reservas, calendarios y comunicación con huéspedes. Estos sistemas pueden integrarse con múltiples plataformas de reservas, proporcionando una vista unificada de todas las propiedades. Además, las herramientas analíticas pueden ofrecer información valiosa sobre rendimiento, permitiendo a los inversionistas identificar tendencias y tomar decisiones basadas en datos. A medida que el portafolio crece, contar con un sistema centralizado se vuelve esencial para mantener organización y eficiencia.

El control de calidad es otro aspecto importante de la escalabilidad operativa. A medida que los procesos se automatizan y las tareas se delegan, mantener calidad consistente se convierte en un desafío. Los inversionistas deben implementar sistemas para monitorear rendimiento, como inspecciones regulares de propiedades, análisis de comentarios de huéspedes y métricas de desempeño. Esto garantiza que los estándares se mantengan en todas las propiedades y que cualquier problema sea abordado rápidamente. La calidad consistente es esencial para mantener reseñas positivas y altas tasas de ocupación.

La administración del mantenimiento se vuelve cada vez más compleja a medida que crece el número de propiedades. Problemas inesperados como fallas de plomería, daños en electrodomésticos o desgaste general pueden interrumpir operaciones y afectar la satisfacción de los huéspedes. Tener una red confiable de contratistas y proveedores de servicios es esencial para abordar estos problemas de manera rápida y eficiente. Las estrategias de mantenimiento preventivo, como inspecciones regulares y servicios programados, también pueden reducir la probabilidad de problemas mayores y extender la vida útil de los activos inmobiliarios.

Los sistemas de comunicación también deben evolucionar conforme el portafolio escala. La comunicación eficiente entre inversionistas, administradores de propiedades, equipos de limpieza y mantenimiento es esencial para operaciones fluidas. Las plataformas centralizadas de comunicación pueden ayudar a agilizar este proceso, asegurando que todas las partes estén informadas y alineadas. Una comunicación clara reduce el riesgo de errores, mejora tiempos de respuesta y aumenta la eficiencia general.

Otro elemento crítico de la escalabilidad operativa es el seguimiento del rendimiento. Los inversionistas deben monitorear indicadores clave de desempeño como tasa de ocupación, tarifa diaria promedio, ingresos, gastos y satisfacción de huéspedes. Al analizar estas métricas, los inversionistas pueden identificar áreas de mejora y tomar decisiones informadas. El seguimiento del rendimiento también permite comparar propiedades e identificar mejores prácticas que puedan aplicarse en todo el portafolio.

La escalabilidad requiere flexibilidad y adaptabilidad. A medida que el portafolio crece, surgirán nuevos desafíos y oportunidades. Los inversionistas deben estar dispuestos a ajustar sus sistemas y procesos para acomodar crecimiento y condiciones cambiantes del mercado. Esto incluye adoptar nuevas tecnologías, perfeccionar estrategias operativas y mejorar continuamente la eficiencia. Un enfoque flexible garantiza que el portafolio pueda adaptarse a cambios y continuar creciendo de manera sostenible.

Finalmente, la mentalidad desempeña un papel crucial en la escalabilidad operativa. Los inversionistas deben pasar de un enfoque práctico y manual a un rol de liderazgo, enfocándose en estrategia y supervisión en lugar de tareas diarias. Esto requiere confianza en sistemas, procesos y miembros del equipo. Al construir una sólida base operativa, los inversionistas pueden crear un portafolio que funcione eficientemente y genere ingresos consistentes, permitiéndoles enfocarse en crecimiento a largo plazo y libertad financiera.

Ejemplo Matemático de la Vida Real: Escalando Operaciones de 2 a 8 Propiedades Airbnb

Considere un inversionista que comienza con dos propiedades Airbnb, cada una generando $4,500 en ingresos mensuales. Los gastos operativos, incluyendo limpieza, utilidades y mantenimiento, totalizan $1,500 por propiedad, y los pagos hipotecarios son de $1,800 por propiedad. Esto resulta en un flujo de efectivo neto de $1,200 por propiedad, o $2,400 mensuales en total. En esta etapa, el inversionista administra ambas propiedades manualmente, manejando comunicación con huéspedes, precios y coordinación con equipos de limpieza.

A medida que el inversionista adquiere dos propiedades adicionales, llevando el total a cuatro, la complejidad operativa aumenta. Sin sistemas establecidos, el inversionista dedica 20 horas adicionales por semana administrando tareas. Esto limita su capacidad para enfocarse en adquirir nuevas propiedades. Para resolverlo, el inversionista implementa herramientas automatizadas para mensajería y precios, reduciendo la carga de trabajo manual en un 50%. Esto le permite mantener eficiencia mientras administra cuatro propiedades.

Con sistemas mejorados, el inversionista expande a seis propiedades. En esta etapa, contrata un asistente de medio tiempo por $1,000 mensuales para manejar comunicación con huéspedes y coordinación. Esto reduce aún más la carga de trabajo y le permite enfocarse en crecimiento. Cada propiedad continúa generando $1,200 en flujo de efectivo neto, resultando en un flujo de efectivo total de $7,200 mensuales. Después de considerar el costo del asistente, el flujo de efectivo neto es de $6,200 mensuales.

Posteriormente, el inversionista escala a ocho propiedades y realiza la transición hacia una operación más estructurada. Contrata un equipo de limpieza con tarifas negociadas, reduciendo costos de limpieza en $100 por propiedad. Esto resulta en ahorros de $800 mensuales en ocho propiedades. Además, implementa un sistema de administración de propiedades que cuesta $200 mensuales, mejorando eficiencia y reduciendo errores. El costo operativo total aumenta ligeramente, pero las ganancias de eficiencia y los ahorros compensan estos gastos.

Con operaciones optimizadas, cada propiedad ahora genera $1,300 en flujo de efectivo neto debido a mayor eficiencia y menores gastos. Entre ocho propiedades, el flujo de efectivo total alcanza $10,400 mensuales. Después de considerar costos operativos, incluyendo el asistente y software, el flujo de efectivo neto es aproximadamente de $9,200 mensuales.

Este ejemplo demuestra cómo sistemas, automatización y delegación pueden permitir una escalabilidad eficiente. Al reducir carga de trabajo, mejorar eficiencia y optimizar costos, el inversionista logra expandir su portafolio sin sentirse abrumado por las operaciones. La lección principal es que la escalabilidad operativa no se trata solo de administrar más propiedades; se trata de administrarlas de manera más efectiva.

Al construir sistemas sólidos y aprovechar automatización y delegación, los inversionistas pueden crear una operación escalable que respalde crecimiento y rentabilidad a largo plazo. Cada mejora se acumula con el tiempo, permitiendo que el portafolio continúe expandiéndose mientras mantiene alto rendimiento y eficiencia.

Capítulo 6

Gestión del Riesgo y Protección de su Portafolio Airbnb

A medida que un inversionista Airbnb escala de unas pocas propiedades a un portafolio de múltiples inmuebles, la gestión del riesgo se convierte en uno de los componentes más importantes —y frecuentemente más ignorados— del éxito a largo plazo. Aunque el crecimiento y el flujo de efectivo son emocionantes, también introducen una mayor exposición a riesgos financieros, operativos y de mercado. Sin un enfoque estructurado para la gestión del riesgo, incluso un portafolio de alto rendimiento puede volverse vulnerable rápidamente a interrupciones inesperadas. Este capítulo se centra en identificar, analizar y mitigar riesgos para que su portafolio Airbnb permanezca estable, resiliente y rentable a lo largo del tiempo.

El primer paso para una gestión efectiva del riesgo es comprender que el riesgo no es algo que deba evitarse por completo; es algo que debe controlarse. Toda inversión conlleva cierto nivel de riesgo, pero los inversionistas exitosos aprenden a administrarlo estratégicamente. Esto comienza identificando las principales categorías de riesgo asociadas con propiedades Airbnb, incluyendo riesgo de mercado, riesgo regulatorio, riesgo operativo, riesgo financiero y riesgo específico de la propiedad. Cada una de estas categorías puede impactar el portafolio de diferentes maneras y requiere estrategias específicas de mitigación.

El riesgo de mercado es uno de los factores más significativos que afectan el desempeño de las propiedades Airbnb. La demanda de alquileres a corto plazo puede fluctuar debido a condiciones económicas, cambios en tendencias de viaje o aumento de la competencia. Por ejemplo, durante desaceleraciones económicas, los viajes discrecionales pueden disminuir, provocando menores tasas de ocupación. De manera similar, una gran cantidad de nuevas propiedades Airbnb en un mercado específico puede reducir el poder de fijación de precios y aumentar la competencia. Para mitigar el riesgo de mercado, los inversionistas deben diversificar su portafolio entre múltiples mercados y tipos de propiedades. Esto reduce la dependencia de una sola ubicación y crea una fuente de ingresos más equilibrada.

El riesgo regulatorio es otra consideración crítica. Las regulaciones para alquileres a corto plazo varían ampliamente según la ubicación y pueden cambiar con poca anticipación.

Algunas ciudades imponen restricciones estrictas sobre operaciones Airbnb, incluyendo requisitos de licencias, límites de ocupación y leyes de zonificación. En casos extremos, los alquileres a corto plazo pueden incluso ser prohibidos. Los inversionistas deben mantenerse informados sobre las regulaciones locales y priorizar mercados con políticas estables y favorables para inversionistas. Además, contar con planes de contingencia, como la posibilidad de convertir una propiedad en alquiler a largo plazo, puede proporcionar una red de seguridad en caso de cambios regulatorios.

El riesgo operativo aumenta a medida que crece el número de propiedades. Administrar múltiples propiedades introduce complejidad, y pequeños problemas pueden escalar rápidamente si no se manejan adecuadamente. Por ejemplo, un retraso en la limpieza o un problema de mantenimiento puede resultar en reseñas negativas, afectando futuras reservas. Para mitigar este riesgo, los inversionistas deben implementar sistemas y procesos sólidos, incluyendo procedimientos estandarizados, proveedores confiables y medidas de control de calidad. La automatización y la delegación también pueden reducir la probabilidad de errores y mejorar la eficiencia general.

El riesgo financiero está estrechamente relacionado con el apalancamiento y la gestión del flujo de efectivo. Aunque el apalancamiento permite escalar rápidamente, también incrementa la exposición a la inestabilidad financiera. Altos niveles de deuda pueden convertirse en un problema si el flujo de efectivo disminuye o los gastos aumentan inesperadamente. Los inversionistas deben administrar cuidadosamente su estructura de financiamiento, asegurándose de que cada propiedad genere flujo de efectivo positivo y que se mantengan reservas suficientes. Un enfoque conservador hacia el apalancamiento, combinado con un fuerte flujo de efectivo, proporciona protección frente a impactos financieros inesperados.

El riesgo específico de la propiedad incluye factores como ubicación, condición física del inmueble y problemas relacionados con huéspedes. Por ejemplo, propiedades ubicadas en zonas propensas a inundaciones o regiones con altos índices de criminalidad pueden enfrentar desafíos adicionales. Del mismo modo, propiedades mal mantenidas pueden generar mayores gastos y menor satisfacción de los huéspedes. Los inversionistas deben realizar una diligencia debida exhaustiva antes de adquirir una propiedad, incluyendo inspecciones, análisis de mercado y evaluación de riesgos. Además, mantener una cobertura de seguro adecuada es esencial para protegerse contra eventos imprevistos como daños materiales o reclamaciones por responsabilidad civil.

El seguro desempeña un papel vital en la gestión del riesgo. Las pólizas estándar para propietarios de vivienda pueden no cubrir completamente actividades de alquiler a corto plazo, por lo que los inversionistas deben asegurarse de contar con coberturas apropiadas para operaciones Airbnb. Esto puede incluir seguros especializados para alquileres vacacionales, cobertura de responsabilidad civil y protección contra pérdida de ingresos. Aunque el seguro aumenta los costos operativos, proporciona protección crítica y tranquilidad.

La administración de reservas es otro componente clave para la mitigación del riesgo. Mantener reservas financieras adecuadas permite a los inversionistas afrontar gastos inesperados, como reparaciones importantes o disminuciones temporales en la ocupación. Una guía común consiste en mantener entre tres y seis meses de gastos para cada propiedad. A medida que el portafolio crece, también aumentan los requisitos de reservas, haciendo esencial una planificación cuidadosa de la liquidez. Reservas sólidas proporcionan estabilidad y reducen el riesgo de dificultades financieras.

La diversificación es una de las estrategias más efectivas para reducir riesgos. Al distribuir inversiones entre diferentes mercados, tipos de propiedades y rangos de precios, los inversionistas pueden crear un portafolio más resistente. Por ejemplo, combinar propiedades de lujo con unidades más asequibles y de alta ocupación puede equilibrar ingresos y riesgo. De igual forma, invertir tanto en mercados estacionales como en mercados con demanda durante todo el año puede reducir el impacto de fluctuaciones en la demanda.

Otro aspecto importante de la gestión del riesgo es el monitoreo y la adaptabilidad. El mercado Airbnb es dinámico y las condiciones pueden cambiar rápidamente. Los inversionistas deben monitorear continuamente el desempeño, las tendencias de mercado y los desarrollos regulatorios. Al mantenerse informados y adaptar estrategias cuando sea necesario, pueden responder proactivamente a los cambios y minimizar riesgos potenciales. Esto incluye ajustar precios, perfeccionar operaciones y explorar nuevos mercados u oportunidades.

Las pruebas de resistencia financiera son una herramienta valiosa para evaluar la resiliencia del portafolio. Esto implica analizar cómo se desempeñaría el portafolio bajo diferentes escenarios, como una disminución del 20% en la ocupación o un aumento significativo de gastos. Al comprender estos posibles resultados, los inversionistas pueden identificar debilidades e implementar estrategias para fortalecer el portafolio. Las pruebas de resistencia proporcionan información sobre el nivel de riesgo y ayudan a garantizar que el portafolio pueda soportar condiciones adversas.

Finalmente, la mentalidad es un factor crítico en la gestión del riesgo. Los inversionistas deben abordar la expansión con un equilibrio entre ambición y prudencia. Aunque el crecimiento es importante, no debe lograrse a costa de la estabilidad. Al priorizar la sostenibilidad y el éxito a largo plazo, los inversionistas pueden construir un portafolio que no solo genere ingresos, sino que también resista desafíos e incertidumbres.

Ejemplo Matemático de la Vida Real: Pruebas de Resistencia y Protección de un Portafolio de 6 Propiedades

Considere un inversionista con un portafolio de seis propiedades Airbnb, cada una generando $5,000 en ingresos mensuales. Los gastos operativos promedian $1,800 por propiedad y los pagos hipotecarios son de $2,200 por propiedad. Esto resulta en un flujo de efectivo neto de $1,000 por propiedad, o $6,000 mensuales en total. El portafolio parece sólido bajo condiciones normales, pero el inversionista desea evaluar su resiliencia bajo diferentes escenarios.

Primero, analiza el impacto de una disminución del 20% en la ocupación debido a una desaceleración del mercado. Los ingresos mensuales por propiedad disminuyen de $5,000 a $4,000. Los gastos operativos permanecen relativamente fijos en $1,800 y los pagos hipotecarios continúan siendo de $2,200. Esto resulta en un flujo de efectivo neto de $0 por propiedad. El flujo de efectivo total del portafolio cae de $6,000 a $0, destacando la importancia de mantener reservas.

Luego, el inversionista evalúa el impacto de un aumento en gastos. Suponga que los gastos operativos aumentan $300 por propiedad debido a mayores costos de limpieza y mantenimiento. Los gastos totales por propiedad aumentan a $2,100, reduciendo el flujo de efectivo neto a $700 por propiedad. El flujo de efectivo total del portafolio disminuye a $4,200 mensuales. Aunque sigue siendo positivo, esta reducción demuestra qué tan sensible puede ser el flujo de efectivo a los cambios en gastos.

Posteriormente, el inversionista considera un escenario extremo donde tanto la ocupación disminuye como los gastos aumentan. Los ingresos bajan a $4,000 y los gastos suben a $2,100, resultando en una pérdida neta de $300 por propiedad después de considerar los pagos hipotecarios. El portafolio completo experimenta una pérdida mensual de $1,800. Este escenario enfatiza la importancia de contar con reservas financieras suficientes para cubrir pérdidas temporales.

Para mitigar estos riesgos, el inversionista mantiene seis meses de reservas para cada propiedad. Con gastos mensuales de $4,000 por propiedad, incluyendo hipoteca y costos operativos, esto requiere $24,000 en reservas por propiedad, o $144,000 para todo el portafolio. Aunque esta cantidad es significativa, proporciona una sólida red de seguridad y garantiza que el inversionista pueda superar periodos difíciles sin sufrir estrés financiero.

El inversionista también diversifica el portafolio entre tres mercados diferentes, reduciendo la probabilidad de que todas las propiedades se vean afectadas simultáneamente por fluctuaciones del mercado. Además, implementa precios dinámicos y eficiencias operativas para mejorar el rendimiento y mantener competitividad. Al realizar pruebas de resistencia y aplicar estrategias de mitigación de riesgo, el inversionista identifica vulnerabilidades potenciales y fortalece su posición financiera.

Este enfoque proactivo garantiza que el portafolio permanezca estable y resiliente incluso bajo condiciones difíciles. La lección principal es que la gestión del riesgo no consiste en eliminar el riesgo, sino en prepararse para él. Al comprender los desafíos potenciales e implementar estrategiás para enfrentarlos, los inversionistas pueden proteger sus portafolios y continuar creciendo con confianza.

Capítulo 7

Escalando Más Allá de los Límites – Crecimiento Avanzado, Flujo de Oportunidades y Estrategias de Riqueza a Largo Plazo

A medida que un inversionista Airbnb domina el financiamiento, la optimización, los sistemas y la gestión del riesgo, la siguiente etapa consiste en romper los límites de crecimiento y escalar más allá de lo que la mayoría de los inversionistas considera posible. En este nivel, el éxito ya no está impulsado por operaciones individuales o mejoras incrementales; está impulsado por estrategia, flujo constante de oportunidades, apalancamiento y visión a largo plazo. Este capítulo se enfoca en cómo pasar de poseer múltiples propiedades a construir un verdadero imperio de inversiones Airbnb, donde el crecimiento se vuelve predecible, escalable y compuesto.

Uno de los mayores desafíos que enfrentan los inversionistas en esta etapa es alcanzar una meseta de crecimiento. Esto suele ocurrir cuando se alcanzan límites de financiamiento, disminuye el flujo de oportunidades o la complejidad operativa se vuelve abrumadora. Para superar esta situación, los inversionistas deben pasar de un enfoque reactivo —esperando que aparezcan oportunidades— a un sistema proactivo que genere oportunidades de manera constante. El flujo de oportunidades se convierte en la fuente de vida de la expansión, y los inversionistas deben construir sistemas que identifiquen, analicen y aseguren continuamente propiedades Airbnb de alta calidad.

Crear un flujo constante de oportunidades requiere un enfoque multicanal. Los inversionistas pueden aprovechar marketing directo, agentes inmobiliarios, mayoristas, plataformas en línea y herramientas de datos para identificar propiedades potenciales. Las oportunidades fuera del mercado tradicional suelen ofrecer las mejores condiciones, ya que implican menos competencia y mayor flexibilidad en precios y términos. Al desarrollar relaciones con agentes, mayoristas y propietarios, los inversionistas pueden posicionarse como compradores preferidos para propiedades Airbnb. Con el tiempo, esta red se convierte en un activo poderoso que proporciona un flujo continuo de oportunidades.

Otra estrategia avanzada de crecimiento consiste en aprovechar asociaciones. En lugar de depender únicamente del capital y crédito personal, los inversionistas pueden colaborar con socios para expandir su capacidad. Esto puede incluir empresas conjuntas, inversionistas privados o asociaciones de capital. Por ejemplo, un socio puede aportar capital mientras el otro administra las operaciones, creando un acuerdo mutuamente beneficioso. Las asociaciones permiten escalar más rápido y asumir operaciones más grandes sin sobreextenderse financieramente. Sin embargo, los acuerdos claros y la alineación de objetivos son esenciales para el éxito de estas relaciones.

La estructuración de entidades adquiere una importancia creciente a medida que el portafolio se expande. Operar bajo la estructura legal y financiera adecuada puede proporcionar beneficios como protección de responsabilidad civil, ventajas fiscales y mejores oportunidades de financiamiento. Muchos inversionistas optan por mantener propiedades dentro de LLC u otras entidades, separando activos personales de activos empresariales. Además, distribuir propiedades entre múltiples entidades puede mejorar la escalabilidad y reducir riesgos. Trabajar con profesionales legales y financieros ayuda a garantizar que la estructura elegida esté alineada con objetivos a largo plazo.

La asignación de capital es otro factor crítico para una expansión avanzada. Los inversionistas deben decidir cómo desplegar capital de manera efectiva, equilibrando adquisiciones, mejoras y reservas. No todas las oportunidades son iguales, y priorizar inversiones de alto retorno es esencial para maximizar el crecimiento. Esto implica analizar rendimientos potenciales, niveles de riesgo y encaje estratégico dentro del portafolio. Al asignar capital eficientemente, los inversionistas pueden acelerar el crecimiento mientras mantienen estabilidad.

En esta etapa, los inversionistas también comienzan a pensar en términos de apalancamiento a nivel de portafolio en lugar de financiamiento propiedad por propiedad. Esto puede incluir garantías cruzadas, préstamos blanket o líneas de crédito respaldadas por el portafolio. Estas estrategias permiten aprovechar el valor combinado de múltiples propiedades para liberar capital adicional destinado a la expansión. Aunque este enfoque puede acelerar significativamente el crecimiento, debe utilizarse cuidadosamente para evitar riesgos excesivos.

Otro concepto clave es construir un modelo de adquisiciones escalable. En lugar de evaluar cada operación desde cero, los inversionistas pueden desarrollar criterios y sistemas que agilicen el proceso de adquisición. Esto incluye definir mercados objetivo, tipos de propiedades, rangos de precios y métricas de rendimiento. Al estandarizar estos criterios, los inversionistas pueden identificar rápidamente oportunidades adecuadas y tomar decisiones con mayor eficiencia. Este enfoque reduce la parálisis por análisis y permite un crecimiento más rápido.

La estrategia de riqueza a largo plazo es el objetivo final de la expansión. Las propiedades Airbnb ofrecen tanto flujo de efectivo como apreciación, creando múltiples caminos para generar riqueza. Los inversionistas deben decidir cómo equilibrar estos factores según sus objetivos. Algunos pueden priorizar el flujo de efectivo para ingresos inmediatos, mientras que otros se enfocan en la apreciación para construir riqueza a largo plazo. Una estrategia equilibrada suele incluir una combinación de ambos, proporcionando flexibilidad y seguridad financiera.

Las estrategias de salida también son una consideración importante. Aunque el enfoque principal sea la expansión, los inversionistas deben planificar posibles salidas futuras, ya sea mediante venta de propiedades, venta del portafolio completo o refinanciamientos estratégicos. Tener una estrategia de salida clara garantiza que las inversiones estén alineadas con objetivos a largo plazo y proporciona opciones para materializar ganancias. Por ejemplo, vender propiedades de bajo rendimiento y reinvertir en activos más rentables puede mejorar el desempeño general del portafolio.

Otra estrategia avanzada consiste en crear fuentes adicionales de ingresos a partir del portafolio Airbnb. Esto puede incluir servicios complementarios, experiencias para huéspedes o el aprovechamiento de la marca personal para generar nuevas oportunidades. Por ejemplo, los inversionistas pueden desarrollar guías, cursos o servicios de consultoría basados en su experiencia. Estas fuentes adicionales de ingresos aumentan la rentabilidad general y diversifican los ingresos.

La tecnología y los datos se vuelven aún más importantes en este nivel. Herramientas avanzadas de análisis pueden proporcionar información sobre tendencias de mercado, estrategias de precios y métricas de desempeño. Al aprovechar los datos, los inversionistas pueden tomar decisiones informadas y mantenerse por delante de la competencia. Esto incluye identificar mercados emergentes, optimizar precios y mejorar la eficiencia operativa.

Escalar más allá de los límites también requiere una mentalidad sólida. En este nivel, los desafíos se vuelven más complejos y las decisiones tienen mayores consecuencias. Los inversionistas deben desarrollar confianza, resiliencia y una perspectiva a largo plazo. Esto incluye asumir riesgos calculados, aprender de errores y mejorar continuamente. La capacidad de pensar estratégicamente y adaptarse a condiciones cambiantes es lo que separa a los inversionistas de élite del resto.

Finalmente, construir un imperio Airbnb no se trata únicamente de éxito financiero; se trata de crear un sistema que respalde el estilo de vida deseado. Ya sea que el objetivo sea independencia financiera, libertad de tiempo o construcción de legado familiar, el portafolio debe alinearse con la visión personal del inversionista. Al mantener claridad de propósito y enfocarse en metas a largo plazo, es posible construir un portafolio que genere tanto satisfacción financiera como personal.

Ejemplo Matemático de la Vida Real: Escalando de 6 a 15 Propiedades Airbnb Utilizando Estrategias Avanzadas

Considere un inversionista que ha construido exitosamente un portafolio de seis propiedades Airbnb, cada una generando $1,200 de flujo de efectivo mensual, para un total de $7,200 mensuales. El valor combinado de las propiedades es de $2.1 millones, con una relación préstamo-valor promedio del 70%, lo que resulta en aproximadamente $630,000 de patrimonio acumulado. El objetivo del inversionista es escalar hasta 15 propiedades en cinco años mientras aumenta el flujo de efectivo mensual por encima de $20,000.

El inversionista comienza aprovechando el patrimonio existente mediante una línea de crédito respaldada por el portafolio, obteniendo acceso a $200,000 de capital utilizable. Este capital se utiliza para pagos iniciales de tres propiedades adicionales, cada una con un precio de $350,000 y un pago inicial del 25%, equivalente a $87,500. Estas propiedades generan $1,300 de flujo de efectivo mensual cada una, agregando $3,900 al portafolio. El portafolio ahora consta de nueve propiedades generando $11,100 mensuales.

Posteriormente, el inversionista forma una asociación con un inversionista privado que aporta $300,000 de capital a cambio del 50% de las ganancias de nuevas adquisiciones. Utilizando este capital, adquiere cuatro propiedades adicionales, cada una generando $1,400 de flujo de efectivo mensual. La participación del inversionista es de $700 por propiedad, agregando $2,800 mensuales a sus ingresos. El portafolio ahora genera $13,900 mensuales.

Al año siguiente, el inversionista identifica dos oportunidades fuera del mercado con precios de $300,000 cada una, por debajo de su valor de mercado. Mediante negociaciones favorables y utilizando una combinación de patrimonio y flujo de efectivo, adquiere ambas propiedades con una inversión mínima de capital propio. Estas propiedades generan $1,500 de flujo de efectivo mensual cada una, agregando $3,000 al portafolio. El flujo de efectivo mensual total alcanza $16,900.

Para alcanzar el objetivo de 15 propiedades, el inversionista continúa optimizando las propiedades existentes, aumentando el flujo de efectivo promedio en $200 por propiedad mediante mejoras de precios y eficiencia operativa. Con 11 propiedades propias y 4 propiedades en asociación, esto genera aproximadamente $3,000 adicionales en flujo de efectivo mensual. El flujo de efectivo total del portafolio ahora supera los $19,900 mensuales.

Finalmente, el inversionista adquiere dos propiedades adicionales utilizando flujo de efectivo acumulado y estrategias de refinanciamiento. Cada propiedad genera $1,200 de flujo de efectivo mensual, agregando $2,400 al total. El portafolio ahora consta de 15 propiedades que generan más de $22,000 mensuales en flujo de efectivo neto.

Este ejemplo demuestra cómo estrategias avanzadas como el apalancamiento de patrimonio, las asociaciones y los sistemas de generación de oportunidades pueden acelerar el crecimiento más allá de los límites tradicionales. Al combinar múltiples enfoques y mantener un enfoque estratégico, el inversionista logra una escala significativa y un notable éxito financiero.

La lección principal es que escalar más allá de los límites requiere un cambio de mentalidad: pasar de operaciones individuales a sistemas, de capacidad personal a crecimiento apalancado y de ganancias a corto plazo a riqueza a largo plazo. Al dominar estas estrategias avanzadas, los inversionistas pueden construir un portafolio que no solo crezca, sino que prospere a gran escala.

Capítulo 8

Refinanciamiento, Estrategias de Cash-Out y Reciclaje de Patrimonio para un Crecimiento Acelerado

A medida que un inversionista Airbnb construye un portafolio de propiedades generadoras de ingresos, una de las herramientas más poderosas para acelerar el crecimiento no es simplemente adquirir nuevas propiedades, sino desbloquear el capital ya acumulado dentro de las propiedades existentes. Este capital, conocido como patrimonio o equity, representa uno de los recursos más subutilizados en la inversión inmobiliaria. Mientras muchos inversionistas se enfocan únicamente en ahorrar para pagos iniciales o aumentar sus ingresos, los inversionistas avanzados comprenden cómo reciclar patrimonio estratégicamente para financiar adquisiciones adicionales sin aumentar significativamente su carga financiera personal. Este capítulo se centra en cómo el refinanciamiento, las estrategias de cash-out y el reciclaje de patrimonio pueden utilizarse para escalar un portafolio Airbnb de manera más rápida y eficiente.

El patrimonio se crea principalmente de dos maneras: mediante la apreciación del valor de la propiedad y mediante la reducción del saldo del préstamo hipotecario. A medida que los valores inmobiliarios aumentan con el tiempo y los saldos hipotecarios disminuyen, la diferencia entre el valor de la propiedad y el monto adeudado se amplía. Esta diferencia representa capital utilizable que puede accederse mediante refinanciamientos u otros productos financieros. Sin embargo, el patrimonio por sí solo no genera flujo de efectivo; debe convertirse en capital utilizable mediante estrategias de financiamiento inteligentes. Aquí es donde entran en juego los refinanciamientos y las estrategias de extracción de efectivo.

Un refinanciamiento cash-out es uno de los métodos más comunes para acceder al patrimonio acumulado. En este proceso, el inversionista reemplaza la hipoteca existente por un nuevo préstamo más grande basado en el valor actual de la propiedad. La diferencia entre el nuevo monto del préstamo y el saldo existente se recibe en efectivo, el cual puede utilizarse para inversiones adicionales. Para inversionistas Airbnb, esta estrategia es particularmente efectiva porque les permite reinvertir ganancias en nuevas propiedades, creando un efecto compuesto que acelera el crecimiento del portafolio.

El momento oportuno es fundamental al ejecutar un refinanciamiento cash-out. Refinanciar demasiado pronto puede limitar la cantidad de patrimonio disponible, mientras que esperar demasiado tiempo puede resultar en oportunidades perdidas. Los inversionistas deben monitorear valores de propiedades, condiciones del mercado y términos de financiamiento para determinar el momento óptimo para refinanciar. Además, los prestamistas generalmente requieren un período de maduración, conocido como seasoning period, que suele ser de seis a doce meses antes de permitir un refinanciamiento cash-out. Comprender estos plazos ayuda a los inversionistas a planificar mejor su estrategia de crecimiento.

Otra consideración importante es la relación préstamo-valor o Loan-to-Value (LTV). La mayoría de los prestamistas limitan los refinanciamientos cash-out a entre 70% y 75% del valor de la propiedad para propiedades de inversión. Esto significa que los inversionistas deben dejar una parte del patrimonio dentro de la propiedad, funcionando como una protección tanto para el prestamista como para el inversionista. Aunque esto puede parecer restrictivo, también ayuda a mantener estabilidad y reduce el riesgo de sobreapalancamiento. Los inversionistas deben calcular cuidadosamente cuánto patrimonio pueden extraer mientras se aseguran de que la propiedad continúe generando flujo de efectivo positivo después del refinanciamiento.

Los préstamos DSCR desempeñan un papel importante en el refinanciamiento de propiedades Airbnb. Debido a que estos préstamos se basan en los ingresos de la propiedad en lugar de los ingresos personales, son ideales para inversionistas con múltiples propiedades. Cuando se refinancia bajo un programa DSCR, los prestamistas evalúan si los ingresos de la propiedad pueden respaldar el nuevo monto del préstamo. Esto hace esencial optimizar el rendimiento de la propiedad antes de refinanciar, ya que mayores ingresos pueden conducir a mejores términos de préstamo y mayor acceso al patrimonio acumulado.

El reciclaje de patrimonio es el proceso de acceder repetidamente al patrimonio de propiedades existentes y reinvertirlo en nuevas adquisiciones. Esto crea un ciclo de crecimiento donde cada propiedad contribuye a la adquisición de la siguiente. Con el tiempo, este efecto compuesto puede acelerar significativamente la expansión del portafolio. Sin embargo, el reciclaje de patrimonio debe ejecutarse cuidadosamente para evitar niveles excesivos de apalancamiento y mantener estabilidad financiera. Cada nueva inversión debe evaluarse para asegurar que fortalezca el portafolio general en lugar de introducir riesgos innecesarios.

Otra estrategia para acceder al patrimonio es utilizar líneas de crédito sobre el patrimonio de la vivienda, conocidas como HELOCs. A diferencia de un refinanciamiento cash-out, que proporciona una suma global de dinero, una HELOC ofrece una línea de crédito renovable que puede utilizarse según sea necesario. Esto proporciona flexibilidad y permite acceder rápidamente a fondos para nuevas oportunidades. Sin embargo, las HELOCs generalmente tienen tasas de interés variables, lo que puede introducir riesgos adicionales. Los inversionistas deben evaluar cuidadosamente los beneficios de la flexibilidad frente al potencial incremento de costos.

El refinanciamiento a nivel de portafolio es una estrategia avanzada que implica refinanciar múltiples propiedades bajo un solo préstamo. Este enfoque puede simplificar el financiamiento, reducir complejidad administrativa y proporcionar acceso a cantidades mayores de capital. Los prestamistas de portafolio suelen ofrecer términos más flexibles, permitiendo a los inversionistas estructurar préstamos de una manera alineada con sus estrategias de crecimiento. Sin embargo, este enfoque también vincula múltiples propiedades entre sí, lo que puede aumentar el riesgo si no se administra cuidadosamente.

Las estrategias de extracción de efectivo no se limitan al refinanciamiento. Los inversionistas también pueden acceder al patrimonio mediante la venta de propiedades con bajo rendimiento. Al vender una propiedad que se ha apreciado significativamente, pueden liberar capital y reinvertirlo en activos de mayor rendimiento. Esta estrategia, conocida como optimización de portafolio, permite mejorar continuamente la calidad y el desempeño general del portafolio.

Las tasas de interés y los términos de financiamiento son factores críticos en las decisiones de refinanciamiento. Aunque acceder al patrimonio puede acelerar el crecimiento, tasas de interés más altas pueden reducir el flujo de efectivo e impactar el rendimiento general. Los inversionistas deben evaluar si los beneficios de acceder al patrimonio superan los costos asociados al refinanciamiento. En algunos casos, puede ser más ventajoso esperar hasta que existan condiciones de financiamiento más favorables. El análisis cuidadoso y el momento oportuno son esenciales para maximizar los beneficios del refinanciamiento.

Las consideraciones fiscales también desempeñan un papel importante cn las estrategias de reciclaje de patrimonio.

Aunque los fondos obtenidos mediante refinanciamiento cash-out generalmente no se consideran ingresos gravables, el aumento de deuda puede afectar la planificación financiera general. Además, la venta de propiedades puede generar impuestos sobre ganancias de capital que deben considerarse en el proceso de toma de decisiones. Trabajar con un profesional fiscal puede ayudar a optimizar estrategias y minimizar obligaciones tributarias.

La gestión del riesgo continúa siendo un tema central cuando se aprovecha el patrimonio acumulado. Aunque el reciclaje de patrimonio puede acelerar el crecimiento, también aumenta la exposición a fluctuaciones del mercado e inestabilidad financiera. Los inversionistas deben mantener reservas adecuadas, evitar el sobreapalancamiento y asegurarse de que cada propiedad contribuya positivamente al portafolio. Un enfoque equilibrado permite crecer mientras se preserva la estabilidad y resiliencia financiera.

En última instancia, el refinanciamiento y el reciclaje de patrimonio son herramientas extremadamente poderosas para escalar un portafolio Airbnb. Al desbloquear el valor de propiedades existentes y reinvertirlo estratégicamente, los inversionistas pueden crear un ciclo de crecimiento compuesto a lo largo del tiempo. Sin embargo, el éxito requiere planificación cuidadosa, ejecución disciplinada y enfoque en la sostenibilidad a largo plazo. Cuando se utilizan correctamente, estas estrategias pueden transformar un portafolio modesto en un importante imperio inmobiliario.

Ejemplo Matemático de la Vida Real: Utilizando Refinanciamiento Cash-Out para Escalar de 4 a 10 Propiedades

Considere un inversionista que posee cuatro propiedades Airbnb, cada una valorada en $350,000. El valor total del portafolio es de $1.4 millones, con un saldo promedio de préstamo de $245,000 por propiedad, resultando en un saldo total de deuda de $980,000. Esto genera aproximadamente $420,000 de patrimonio acumulado en todo el portafolio. El objetivo del inversionista es utilizar este patrimonio para adquirir propiedades adicionales y escalar hasta diez propiedades en un período de tres años.

El inversionista comienza realizando un refinanciamiento cash-out sobre la primera propiedad. La propiedad se ha apreciado hasta un valor de $370,000 y el prestamista permite un préstamo equivalente al 75% del valor de la propiedad. Esto resulta en un nuevo préstamo de $277,500. Después de pagar el saldo existente de $245,000, el inversionista recibe aproximadamente $32,500 en efectivo. Este proceso se repite en las tres propiedades restantes, generando un total aproximado de $130,000 en capital disponible.

Utilizando este capital, el inversionista adquiere dos propiedades adicionales, cada una con un precio de $300,000 y pagos iniciales del 25%, equivalentes a $75,000 por propiedad. La inversión total requerida es de $150,000, cubierta mediante los fondos obtenidos del refinanciamiento y ahorros adicionales. Cada propiedad genera $1,200 de flujo de efectivo mensual, agregando $2,400 al portafolio.

Durante el año siguiente, el inversionista repite el proceso a medida que las propiedades continúan apreciándose. Las seis propiedades ahora tienen un valor promedio de $380,000, generando patrimonio adicional. Mediante otro refinanciamiento, el inversionista accede a aproximadamente $150,000 en capital adicional, utilizado para adquirir dos propiedades más. Estas propiedades generan $1,300 de flujo de efectivo mensual cada una, agregando $2,600 adicionales al portafolio.

Al finalizar el tercer año, el inversionista posee ocho propiedades que generan un total de aproximadamente $9,000 mensuales en flujo de efectivo. Mediante apreciación continua y optimización operativa, realiza otra ronda de refinanciamientos, obteniendo $120,000 adicionales en capital. Estos fondos se utilizan para adquirir dos propiedades finales, cada una generando $1,400 de flujo de efectivo mensual. El portafolio ahora consta de diez propiedades generando aproximadamente $11,800 mensuales.

Durante todo este proceso, el inversionista administra cuidadosamente el apalancamiento, asegurándose de que cada propiedad mantenga flujo de efectivo positivo y que existan reservas suficientes. Mediante el uso estratégico de refinanciamientos cash-out y reciclaje de patrimonio, logra escalar de cuatro a diez propiedades sin depender exclusivamente de nuevo capital personal.

Este ejemplo ilustra el enorme poder del patrimonio como herramienta de crecimiento. Al desbloquear y reinvertir patrimonio acumulado, los inversionistas pueden acelerar la expansión de sus portafolios y alcanzar sus objetivos financieros con mayor eficiencia. La clave está en abordar estas estrategias con disciplina, planificación y una visión enfocada en la sostenibilidad a largo plazo.

Capítulo 9

Escalando Airbnb con Propiedades Multifamiliares y Modelos de Alquiler Mixtos

A medida que los inversionistas Airbnb avanzan en su trayectoria, una de las formas más poderosas de acelerar el crecimiento y mejorar la eficiencia es hacer la transición de propiedades unifamiliares a inversiones multifamiliares. Dúplex, tríplex, cuádruplex y pequeñas propiedades multifamiliares ofrecen una oportunidad única para escalar más rápido, aumentar la densidad de ingresos y optimizar las operaciones. En lugar de adquirir una sola unidad por transacción, los inversionistas pueden adquirir múltiples unidades generadoras de ingresos dentro de una misma propiedad, creando ventajas tanto operativas como financieras. Este capítulo se enfoca en cómo utilizar estratégicamente propiedades multifamiliares y modelos de alquiler mixtos para escalar un portafolio Airbnb de manera más eficiente y rentable.

El concepto de densidad de ingresos es fundamental en la inversión multifamiliar. Con viviendas unifamiliares, cada propiedad genera ingresos de una sola unidad de alquiler. En contraste, un dúplex genera ingresos de dos unidades, un tríplex de tres y un cuádruplex de cuatro. Esto significa que una sola adquisición puede aumentar significativamente los ingresos totales y el flujo de efectivo. Además, ciertos gastos, como el costo del terreno, seguros y mantenimiento, se comparten entre múltiples unidades, mejorando la eficiencia general. Esto permite a los inversionistas obtener mayores rendimientos con menos transacciones.

El financiamiento de propiedades Airbnb multifamiliares requiere un enfoque ligeramente diferente en comparación con las viviendas unifamiliares. Las propiedades de dos a cuatro unidades suelen seguir siendo elegibles para financiamiento residencial, incluidos préstamos DSCR y programas Non-QM. Esto proporciona flexibilidad y permite a los inversionistas escalar sin tener que pasar inmediatamente al financiamiento comercial. Sin embargo, los prestamistas pueden aplicar estándares de análisis diferentes, incluyendo requisitos de tasación más estrictos y evaluaciones de ingresos más detalladas. Comprender estas diferencias es esencial para adquirir propiedades multifamiliares con éxito.

Una de las principales ventajas de las propiedades multifamiliares es la capacidad de implementar modelos de alquiler mixtos. En lugar de operar todas las unidades como alquileres a corto plazo, los inversionistas pueden combinar estrategias de alquiler a corto, mediano y largo plazo dentro de la misma propiedad. Por ejemplo, una unidad puede utilizarse para huéspedes Airbnb, otra puede alquilarse a largo plazo y una tercera puede destinarse a estadías de mediano plazo para profesionales que viajan por trabajo. Esta diversificación de fuentes de ingresos reduce el riesgo y proporciona mayor estabilidad, especialmente en mercados donde la demanda de alquileres a corto plazo fluctúa.

Los modelos de alquiler mixtos también ofrecen flexibilidad frente a cambios regulatorios. Si las regulaciones locales restringen los alquileres a corto plazo, los inversionistas pueden adaptar su estrategia convirtiendo algunas unidades en alquileres de mediano o largo plazo. Esta capacidad de adaptación garantiza que la propiedad continúe generando ingresos incluso bajo condiciones cambiantes. También proporciona una red de seguridad que las propiedades dependientes de una sola estrategia no poseen.

La eficiencia operativa es otro beneficio importante de las propiedades multifamiliares. Administrar múltiples unidades dentro de una misma propiedad suele ser más eficiente que administrar múltiples propiedades separadas. La limpieza, el mantenimiento y la comunicación con huéspedes pueden simplificarse, reduciendo tanto tiempo como costos. Por ejemplo, un solo equipo de limpieza puede atender todas las unidades en una misma ubicación, y los problemas de mantenimiento pueden resolverse más rápidamente debido a la proximidad física. Esta eficiencia se vuelve cada vez más valiosa a medida que el portafolio crece.

La selección del mercado sigue siendo fundamental al invertir en propiedades Airbnb multifamiliares. No todos los mercados son adecuados para alquileres a corto plazo y las regulaciones de zonificación pueden variar significativamente. Los inversionistas deben asegurarse de que las propiedades multifamiliares estén ubicadas en áreas donde los alquileres a corto plazo estén permitidos y donde exista suficiente demanda para respaldar múltiples unidades. Además, las propiedades ubicadas en zonas con fuerte actividad turística o viajes de negocios suelen tener mejor desempeño, ya que pueden sostener altas tasas de ocupación en varias unidades simultáneamente.

La distribución y el diseño de la propiedad también desempeñan un papel importante en el éxito de las inversiones multifamiliares Airbnb. Las unidades deben diseñarse para maximizar privacidad, comodidad y funcionalidad para los huéspedes. Entradas independientes, aislamiento acústico y amenidades dedicadas pueden mejorar significativamente la experiencia del huésped y aumentar las reseñas positivas. Las propiedades bien diseñadas tienen más probabilidades de alcanzar mayores niveles de ocupación y cobrar tarifas premium, impactando directamente el flujo de efectivo.

El análisis del flujo de efectivo para propiedades multifamiliares debe considerar tanto los beneficios como las complejidades de múltiples unidades. Aunque el potencial de ingresos es más alto, los gastos también pueden aumentar debido a mayores costos de limpieza, servicios públicos y mantenimiento. Los inversionistas deben analizar cuidadosamente el rendimiento de cada unidad y asegurarse de que la propiedad en conjunto genere flujo de efectivo positivo. Esto incluye evaluar tarifas diarias promedio, tasas de ocupación y costos operativos de cada unidad.

Otro aspecto importante es la escalabilidad. Las propiedades multifamiliares permiten crecer más rápidamente al aumentar el número de unidades por adquisición. Esto reduce el tiempo y esfuerzo necesarios para alcanzar un determinado nivel de ingresos. Por ejemplo, adquirir un cuádruplex puede proporcionar el equivalente a cuatro viviendas unifamiliares en una sola transacción. Esta eficiencia es especialmente valiosa para inversionistas que buscan escalar rápidamente.

La gestión del riesgo también mejora con propiedades multifamiliares. Si una unidad experimenta una vacante o una disminución temporal en el rendimiento, las demás unidades pueden seguir generando ingresos y compensar el impacto. Esta diversificación dentro de una misma propiedad reduce el riesgo general y proporciona una fuente de ingresos más estable. Sin embargo, los inversionistas deben continuar manteniendo reservas adecuadas e implementar sólidas prácticas de administración para mitigar posibles desafíos.

Las estrategias de financiamiento para propiedades multifamiliares también pueden incluir enfoques creativos como el house hacking. En algunos casos, los inversionistas pueden ocupar una unidad mientras alquilan las demás, calificando para condiciones de financiamiento más favorables. Aunque esta estrategia es más común en las primeras etapas de inversión, sigue siendo una herramienta valiosa para adquirir propiedades multifamiliares con menores costos iniciales.

La creación de riqueza a largo plazo es una ventaja clave de las inversiones Airbnb multifamiliares. Además de generar un sólido flujo de efectivo, estas propiedades suelen apreciarse con el tiempo, creando patrimonio adicional. Este patrimonio puede aprovecharse para futuras adquisiciones, acelerando aún más el crecimiento del portafolio. Al combinar generación de ingresos con apreciación, los inversionistas pueden construir una riqueza significativa a lo largo del tiempo.

En última instancia, las propiedades multifamiliares y los modelos de alquiler mixtos proporcionan un camino poderoso para escalar un portafolio Airbnb. Al aumentar la densidad de ingresos, mejorar la eficiencia operativa y diversificar las fuentes de ingresos, los inversionistas pueden lograr un crecimiento más rápido y una mayor estabilidad. Sin embargo, el éxito requiere planificación cuidadosa, análisis de mercado y ejecución disciplinada. Cuando se aborda estratégicamente, la inversión multifamiliar puede transformar un portafolio Airbnb en un sistema altamente eficiente y rentable.

Ejemplo Matemático de la Vida Real: Escalando con un Cuádruplex Airbnb y una Estrategia de Alquiler Mixto

Considere un inversionista que compra un cuádruplex por $600,000 en un mercado con alta demanda de alquileres a corto plazo. El inversionista utiliza un préstamo DSCR con un pago inicial del 25%, equivalente a $150,000, resultando en un monto financiado de $450,000. El pago hipotecario mensual, incluyendo impuestos y seguros, es aproximadamente de $3,200.

El inversionista decide implementar un modelo de alquiler mixto. Dos unidades se operan como alquileres Airbnb, una unidad se alquila a profesionales que viajan por trabajo bajo contratos de mediano plazo y una unidad se alquila bajo un contrato tradicional de largo plazo. Este enfoque diversificado proporciona tanto alto potencial de ingresos como estabilidad.

Las dos unidades Airbnb generan una tarifa diaria promedio de $180 con una ocupación del 70%. Esto equivale aproximadamente a 21 noches reservadas por mes, generando $3,780 mensuales por unidad. En conjunto, ambas unidades generan $7,560 mensuales. Los gastos operativos de estas unidades, incluyendo limpieza, servicios públicos y administración, totalizan $2,400, resultando en ingresos netos de $5,160.

La unidad de alquiler a mediano plazo se alquila por $2,200 mensuales, con poca rotación y costos operativos reducidos de $400 mensuales, generando ingresos netos de $1,800.

La unidad de alquiler a largo plazo se alquila por $1,800 mensuales, con gastos de $300, generando ingresos netos de $1,500.

Los ingresos mensuales totales de la propiedad alcanzan $11,560, con gastos operativos totales de $3,100. Después de considerar el pago hipotecario de $3,200, el flujo de efectivo neto es de $5,260 mensuales. Esto demuestra el poder de combinar diferentes estrategias de alquiler dentro de una sola propiedad.

Con el tiempo, el inversionista optimiza las unidades Airbnb aumentando la tarifa diaria promedio a $200 y mejorando la ocupación al 75%. Esto incrementa los ingresos mensuales por unidad a aproximadamente $4,500, agregando $1,440 de ingresos adicionales entre ambas unidades. El flujo de efectivo total de la propiedad aumenta a aproximadamente $6,700 mensuales.

Además, la propiedad se aprecia hasta alcanzar un valor de $660,000 después de dos años, creando $60,000 adicionales de patrimonio. El inversionista realiza un refinanciamiento cash-out y utiliza parte de este patrimonio para financiar el pago inicial de otra propiedad multifamiliar. Esto le permite replicar la estrategia y continuar escalando el portafolio.

Este ejemplo ilustra cómo las propiedades multifamiliares y los modelos de alquiler mixtos pueden mejorar significativamente tanto el flujo de efectivo como la escalabilidad. Al combinar múltiples fuentes de ingresos y optimizar continuamente el rendimiento, los inversionistas pueden crear un portafolio altamente eficiente y resistente. La lección principal es que la inversión multifamiliar no consiste únicamente en adquirir más unidades, sino en maximizar el potencial de cada propiedad mediante planificación estratégica y ejecución disciplinada.

Capítulo 10

Estructuración Avanzada de Hipotecas para Airbnb

A medida que los inversionistas alcanzan el nivel más alto en la construcción de portafolios Airbnb, el juego deja de consistir simplemente en encontrar oportunidades o calificar para financiamiento estándar. En este punto, el éxito depende de estructurar operaciones de una manera que permita cerrar oportunidades que otros inversionistas no pueden aprovechar. Aquí es donde entra en juego la estructuración avanzada de hipotecas. En este nivel, los inversionistas exitosos combinan múltiples estrategias de financiamiento, superponen diferentes productos hipotecarios y se posicionan creativamente para superar obstáculos que detendrían al inversionista promedio. Este capítulo se centra en cómo estructurar operaciones complejas de Airbnb utilizando préstamos DSCR, financiamiento basado en activos y técnicas de financiamiento creativo para desbloquear un potencial de crecimiento prácticamente ilimitado.

El primer cambio de mentalidad en este nivel consiste en comprender que casi siempre existe una manera de estructurar una operación si los números tienen sentido. Muchos inversionistas abandonan oportunidades porque no encajan dentro de las pautas tradicionales de financiamiento. Los inversionistas avanzados, en cambio, analizan cada operación desde múltiples perspectivas e identifican formas alternativas de financiarla. Esto puede implicar combinar diferentes productos hipotecarios, ajustar estructuras de propiedad o incorporar fuentes adicionales de capital. El objetivo no es simplemente calificar para un préstamo, sino diseñar una solución financiera que esté alineada con el potencial de la operación.

Los préstamos DSCR continúan siendo una piedra angular del financiamiento avanzado para propiedades Airbnb. Estos préstamos permiten a los inversionistas calificar basándose en los ingresos generados por la propiedad en lugar de depender de sus ingresos personales. A medida que un portafolio crece, los préstamos DSCR ofrecen flexibilidad y rapidez, convirtiéndose en una herramienta ideal para adquirir múltiples propiedades. Sin embargo, la estructuración avanzada implica utilizar estos préstamos estratégicamente. Por ejemplo, un inversionista puede financiar una propiedad con un préstamo DSCR mientras utiliza otro método de financiamiento para una segunda propiedad, optimizando así el portafolio completo en lugar de analizar cada operación de manera aislada.

El financiamiento basado en activos agrega otra dimensión poderosa a la estructuración de operaciones. En lugar de enfocarse en los ingresos, estos préstamos evalúan los activos líquidos del prestatario, como efectivo, inversiones bursátiles o cuentas de jubilación. Esto permite que inversionistas con un patrimonio sólido puedan obtener financiamiento incluso cuando sus ingresos son limitados o complejos. El financiamiento basado en activos puede ser especialmente útil para cerrar brechas financieras, permitiendo asegurar propiedades mientras se mantiene flexibilidad dentro de una estrategia general de crecimiento.

Las técnicas de financiamiento creativo amplían aún más las posibilidades. Estas incluyen financiamiento por parte del vendedor, transacciones sujetas al préstamo existente, opciones de arrendamiento y préstamos privados. Por ejemplo, el financiamiento del vendedor permite que el comprador realice pagos directamente al propietario en lugar de obtener una hipoteca tradicional. Esto puede ser especialmente ventajoso cuando se trabaja con vendedores motivados o propiedades únicas que no califican fácilmente para programas convencionales. Las transacciones sujetas al préstamo existente permiten asumir una hipoteca ya establecida, facilitando la adquisición de propiedades con poco capital inicial. Aunque estas estrategias requieren una estructura legal adecuada, pueden ofrecer ventajas significativas cuando se utilizan correctamente.

La verdadera fortaleza de la estructuración avanzada surge al combinar múltiples fuentes de financiamiento. En lugar de depender de un solo producto hipotecario, los inversionistas pueden utilizar varias fuentes de capital para completar una operación. Por ejemplo, un inversionista puede utilizar un préstamo DSCR para la mayor parte del financiamiento, complementarlo con un préstamo privado para cubrir el pago inicial y negociar concesiones del vendedor para reducir costos de cierre. Este enfoque por capas permite cerrar operaciones que de otro modo estarían fuera de alcance y, al mismo tiempo, preservar capital propio para futuras oportunidades.

La garantía cruzada o cross-collateralization es otra técnica avanzada utilizada en la estructuración de portafolios. Esta estrategia consiste en utilizar múltiples propiedades como garantía para un solo préstamo, permitiendo aprovechar el patrimonio acumulado para obtener financiamiento adicional. Aunque esto puede aumentar significativamente la capacidad de endeudamiento, también vincula las propiedades entre sí, lo que significa que un problema en una propiedad podría afectar al portafolio completo. Por esta razón, debe utilizarse de manera estratégica y cuidadosa.

Los préstamos blanket ofrecen una ventaja similar al permitir financiar múltiples propiedades bajo una sola hipoteca. Esto simplifica la administración y puede proporcionar acceso a cantidades mayores de capital. Son particularmente útiles para inversionistas con portafolios establecidos que desean reducir complejidad administrativa y optimizar su estructura financiera. Sin embargo, requieren una planificación cuidadosa para asegurar que los términos del préstamo estén alineados con los objetivos a largo plazo del inversionista.

Otro aspecto importante de la estructuración avanzada es la negociación de los términos del préstamo. Las tasas de interés, duración del préstamo, penalidades por pago anticipado y requisitos de reservas suelen ser negociables, especialmente cuando se trabaja con prestamistas de portafolio o prestamistas privados. Los inversionistas experimentados entienden que las condiciones financieras no son completamente rígidas y que negociar mejores términos puede tener un impacto significativo en el flujo de efectivo y el rendimiento general.

La estructuración de operaciones también implica optimizar las entidades legales y la propiedad de los activos. Mantener propiedades bajo diferentes entidades puede proporcionar protección de responsabilidad civil, ventajas fiscales y mayor flexibilidad financiera. Por ejemplo, distribuir propiedades entre diferentes LLC puede reducir riesgos y facilitar la administración del financiamiento. Asimismo, estructurar la propiedad para incluir socios o inversionistas puede ampliar la capacidad de capital y permitir operaciones de mayor tamaño.

Otro concepto avanzado consiste en estructurar las operaciones teniendo en mente estrategias de salida. Cada adquisición debe evaluarse no solo por su potencial inmediato, sino también por cómo encaja dentro del plan a largo plazo. Esto incluye considerar oportunidades futuras de refinanciamiento, apreciación potencial y valor de reventa. Planificar la salida desde el inicio garantiza que cada operación contribuya a la estrategia general y proporcione flexibilidad para futuras decisiones.

La velocidad y la ejecución son fundamentales en este nivel. En mercados competitivos, la capacidad de cerrar operaciones rápidamente puede proporcionar una ventaja significativa. Los inversionistas que han desarrollado relaciones sólidas con prestamistas, inversionistas privados y socios estratégicos pueden actuar más rápido y asegurar mejores oportunidades. Esto requiere preparación, organización y un conocimiento profundo de las diferentes opciones de financiamiento disponibles.

La gestión del riesgo sigue siendo esencial cuando se utilizan técnicas avanzadas de estructuración. Aunque estas estrategias pueden abrir oportunidades significativas, también introducen complejidad y riesgos potenciales. Los inversionistas deben analizar cuidadosamente cada operación, garantizar que el flujo de efectivo permanezca positivo y mantener reservas adecuadas. Un enfoque disciplinado asegura que el crecimiento sea sostenible y esté alineado con objetivos de largo plazo.

En última instancia, la estructuración avanzada de hipotecas consiste en crear flexibilidad y oportunidades. Al combinar múltiples estrategias de financiamiento y pensar creativamente, los inversionistas pueden superar limitaciones y continuar escalando sus portafolios Airbnb. Este nivel de dominio permite operar en una categoría superior, cerrando operaciones que otros no pueden y construyendo un portafolio que crece más allá de las restricciones tradicionales.

Ejemplo Matemático de la Vida Real: Estructurando una Operación Airbnb Compleja Utilizando Múltiples Estrategias de Financiamiento

Considere un inversionista que identifica una propiedad Airbnb de alto rendimiento valorada en $800,000 en un mercado vacacional de primer nivel. La propiedad genera ingresos proyectados de $12,000 mensuales y gastos operativos de $4,000, resultando en un ingreso operativo neto de $8,000 mensuales. Sin embargo, el inversionista no dispone de suficiente capital líquido para cubrir el pago inicial completo del 25%, equivalente a $200,000.

Para estructurar la operación, el inversionista utiliza una estrategia de financiamiento por capas. Primero obtiene un préstamo DSCR que cubre el 75% del precio de compra, equivalente a $600,000. El pago hipotecario mensual es aproximadamente de $4,200. Esto deja pendientes $200,000 para cubrir el pago inicial y los costos de cierre.

Posteriormente, negocia con un prestamista privado un préstamo en segunda posición por $100,000 a una tasa de interés del 10%, con pagos únicamente de intereses equivalentes a $833 mensuales. Esto reduce la contribución de capital necesaria por parte del inversionista a $100,000. Para cubrir esa cantidad restante, utiliza fondos provenientes de un refinanciamiento cash-out anterior y ahorros personales.

Además, negocia concesiones por parte del vendedor equivalentes a $20,000, las cuales se aplican a los costos de cierre. Esto reduce la inversión total desembolsada directamente por el inversionista a aproximadamente $80,000. Al combinar múltiples fuentes de financiamiento, logra cerrar la operación utilizando significativamente menos capital del que requeriría una estructura tradicional.

Los gastos mensuales totales incluyen el pago del préstamo DSCR de $4,200, el pago del préstamo privado de $833 y los gastos operativos de $4,000, resultando en gastos totales de $9,033 mensuales. Con ingresos de $12,000 mensuales, el flujo de efectivo neto es de aproximadamente $2,967 al mes.

Con el tiempo, el inversionista optimiza la propiedad mejorando precios y ocupación, aumentando los ingresos a $13,500 mensuales. Esto incrementa el flujo de efectivo neto a aproximadamente $4,467 por mes. Después de dos años, la propiedad se aprecia hasta alcanzar un valor de $900,000, creando $100,000 adicionales de patrimonio.

Posteriormente, el inversionista refinancia la propiedad, paga el préstamo privado y obtiene un nuevo préstamo DSCR al

75% del valor actualizado, equivalente a $675,000. Después de liquidar los préstamos existentes, recibe aproximadamente $75,000 en efectivo, los cuales utiliza para financiar la siguiente adquisición.

Este ejemplo demuestra cómo la estructuración avanzada puede permitir a los inversionistas cerrar operaciones con capital limitado mientras mantienen un flujo de efectivo sólido. Al combinar financiamiento DSCR, préstamos privados y concesiones del vendedor, el inversionista logra adquirir una propiedad de alto rendimiento y crear un camino claro para futuras expansiones.

La lección principal es que la estructuración avanzada de hipotecas no se trata únicamente de financiamiento; se trata de estrategia. Al comprender y combinar diferentes opciones financieras, los inversionistas pueden desbloquear oportunidades, acelerar el crecimiento y construir un portafolio que continúe expandiéndose sin las limitaciones tradicionales.

Capítulo 11

Construyendo Riqueza a Largo Plazo, Estrategias de Salida y un Legado a Través de la Inversión en Airbnb

A medida que un inversionista Airbnb alcanza las etapas más avanzadas de construcción de portafolios, el enfoque comienza a desplazarse desde la adquisición acelerada y la expansión hacia la creación, preservación y transferencia de riqueza a largo plazo. Aunque construir un portafolio es emocionante y financieramente gratificante, el verdadero éxito se define por qué tan bien se desempeña ese portafolio con el paso del tiempo, cómo respalda el estilo de vida deseado y cómo puede utilizarse para crear riqueza generacional. Este capítulo explora cómo pasar del modo de crecimiento a una estrategia de riqueza a largo plazo, incluyendo planificación de salidas, optimización del portafolio y construcción de un legado financiero duradero.

El primer concepto que debe comprenderse es que la riqueza no se mide únicamente por la cantidad de propiedades que se poseen o por el flujo de efectivo mensual que generan. La verdadera riqueza se mide por el control, la flexibilidad y la sostenibilidad. Un portafolio que produce un fuerte flujo de efectivo pero que está altamente apalancado y es inestable puede no proporcionar verdadera seguridad financiera. Por el contrario, un portafolio equilibrado, con deuda manejable, ingresos consistentes y activos que se aprecian con el tiempo, puede ofrecer estabilidad y crecimiento a largo plazo. El objetivo es construir un portafolio que apoye la independencia financiera mientras minimiza el riesgo.

Uno de los aspectos más importantes de una estrategia de riqueza a largo plazo es la optimización del portafolio. A medida que los inversionistas adquieren propiedades con el tiempo, no todos los activos se desempeñan de la misma manera. Algunas propiedades superan las expectativas, mientras que otras generan resultados inferiores debido a condiciones de mercado, ubicación o desafíos operativos. Revisar y optimizar periódicamente el portafolio permite identificar oportunidades de mejora. Esto puede implicar vender propiedades con bajo rendimiento, reinvertir en activos más rentables o reposicionar propiedades para aumentar los ingresos.

Las estrategias de salida son un componente crítico de la planificación a largo plazo. Aunque la intención inicial sea mantener las propiedades indefinidamente, contar con un plan de salida claro proporciona flexibilidad y garantiza que las decisiones estén alineadas con los objetivos futuros. Las estrategias más comunes incluyen vender propiedades individuales, vender el portafolio completo, refinanciar para extraer patrimonio o convertir propiedades Airbnb en alquileres a largo plazo. Cada estrategia tiene ventajas y consecuencias distintas, y la elección dependerá de los objetivos del inversionista, las condiciones del mercado y sus necesidades financieras.

La venta de propiedades puede proporcionar liquidez significativa y permitir que los inversionistas materialicen ganancias acumuladas. Por ejemplo, vender una propiedad que se ha apreciado considerablemente puede generar capital para reinvertir en oportunidades más rentables o para reducir deuda. Sin embargo, vender también implica costos de transacción y posibles implicaciones fiscales, como impuestos sobre ganancias de capital. Los inversionistas deben evaluar cuidadosamente si vender una propiedad está alineado con su estrategia general y considerar herramientas como los intercambios 1031 cuando sean aplicables para diferir impuestos.

El refinanciamiento continúa siendo una herramienta poderosa incluso en las etapas avanzadas de inversión.

Mediante refinanciamientos, los inversionistas pueden acceder al patrimonio acumulado, reducir tasas de interés o modificar términos de préstamo para mejorar el flujo de efectivo. Esto puede ser particularmente útil para estabilizar el portafolio y aumentar la flexibilidad financiera. Además, el refinanciamiento puede utilizarse para consolidar deuda o reestructurar financiamientos de una manera más alineada con los objetivos a largo plazo.

Otra estrategia importante consiste en cambiar propiedades entre diferentes modelos de alquiler. A medida que las condiciones del mercado evolucionan, puede ser ventajoso convertir propiedades Airbnb en alquileres de mediano o largo plazo. Esto puede proporcionar ingresos más estables y reducir la complejidad operativa, especialmente para inversionistas que buscan un enfoque más pasivo. Del mismo modo, algunas propiedades pueden convertirse de alquileres tradicionales a alquileres a corto plazo para aumentar el potencial de ingresos. Esta flexibilidad permite adaptarse a las condiciones cambiantes del mercado y optimizar el rendimiento general.

La administración de la deuda es un factor clave en la construcción de riqueza a largo plazo. Aunque el apalancamiento es esencial para escalar, reducir la deuda con el tiempo puede aumentar la estabilidad y el patrimonio neto.

Los inversionistas pueden optar por amortizar hipotecas más rápidamente, refinanciar a tasas más bajas o eliminar estratégicamente deuda de alto costo. Un enfoque equilibrado garantiza que el portafolio permanezca sostenible y resistente, especialmente durante períodos de desaceleración económica.

La estrategia fiscal desempeña un papel fundamental en la preservación de la riqueza. Los bienes raíces ofrecen numerosas ventajas fiscales, incluyendo depreciación, deducciones y posibles diferimientos de impuestos sobre ganancias de capital. Comprender y aprovechar estos beneficios puede mejorar significativamente los rendimientos netos. Trabajar con profesionales fiscales para desarrollar una estrategia integral ayuda a maximizar los ingresos después de impuestos y minimizar obligaciones fiscales.

La construcción de un legado es el objetivo final para muchos inversionistas. Esto implica crear un portafolio que pueda transferirse a futuras generaciones, proporcionando ingresos continuos y seguridad financiera. Estructurar la propiedad mediante fideicomisos u otras entidades legales puede facilitar este proceso y proporcionar beneficios adicionales relacionados con planificación patrimonial y protección de activos. Una estrategia de legado bien diseñada garantiza que los beneficios del portafolio se extiendan mucho más allá de la vida del inversionista.

Otro aspecto importante de la estrategia a largo plazo es el diseño del estilo de vida. El propósito de construir riqueza no es únicamente obtener ganancias financieras; también consiste en crear la libertad de vivir bajo sus propios términos. Los inversionistas deben decidir qué tan involucrados desean estar en la administración diaria de sus propiedades y si prefieren un enfoque activo o pasivo. Esto puede implicar contratar compañías de administración de propiedades, reducir el número de inmuebles o enfocarse únicamente en activos de alto rendimiento que requieran menos supervisión.

La diversificación fuera del sector inmobiliario también puede fortalecer la riqueza a largo plazo. Aunque las propiedades Airbnb ofrecen excelentes ingresos y apreciación, invertir en otras clases de activos como acciones, bonos o empresas puede proporcionar estabilidad adicional y nuevas oportunidades de crecimiento. Un portafolio diversificado reduce el riesgo y evita depender excesivamente de una sola categoría de inversión.

La filantropía y la inversión de impacto son consideraciones adicionales para inversionistas que desean crear un legado significativo. Utilizar recursos para apoyar causas importantes puede generar un impacto positivo mientras se obtienen posibles beneficios fiscales. Esto agrega una dimensión adicional a la riqueza, extendiendo su valor más allá de las métricas financieras tradicionales.

La educación continua y la capacidad de adaptación siguen siendo esenciales incluso en los niveles más altos de inversión. Los mercados evolucionan, las regulaciones cambian y surgen nuevas oportunidades. Los inversionistas deben mantenerse informados y estar dispuestos a ajustar sus estrategias para seguir siendo competitivos y exitosos. Esto incluye aprender de la experiencia, buscar asesoramiento profesional y mantenerse actualizados con las tendencias del sector.

En última instancia, construir riqueza a largo plazo mediante inversiones Airbnb implica mucho más que adquirir propiedades. Se trata de crear un sistema que genere ingresos, aumente su valor con el tiempo y respalde el estilo de vida deseado. Al enfocarse en la optimización, las estrategias de salida y la planificación del legado, los inversionistas pueden garantizar que su portafolio continúe generando valor durante décadas.

Ejemplo Matemático de la Vida Real: Transformando un Portafolio de 12 Propiedades en una Fuente de Riqueza y Legado a Largo Plazo

Considere un inversionista que ha construido un portafolio de 12 propiedades Airbnb a lo largo de varios años. Cada propiedad genera un promedio de $1,500 de flujo de efectivo mensual, produciendo ingresos totales de $18,000 al mes. El valor combinado del portafolio es de $4.8 millones, con una relación préstamo-valor promedio del 65%, lo que resulta en aproximadamente $1.68 millones de patrimonio acumulado.

El inversionista comienza analizando el rendimiento de cada propiedad e identifica tres activos con bajo desempeño que generan únicamente $800 mensuales cada uno. Al vender estas propiedades por un precio promedio de $350,000 cada una, obtiene ingresos brutos de aproximadamente $1.05 millones. Después de liquidar préstamos pendientes y cubrir costos de transacción, recibe aproximadamente $400,000 netos en efectivo.

Este capital se reinvierte en dos propiedades de mayor rendimiento valoradas en $500,000 cada una, generando $2,000 de flujo de efectivo mensual por propiedad. Esto aumenta los ingresos mensuales del portafolio en $2,400, llevando el flujo de efectivo total a $20,400 mensuales.

Posteriormente, el inversionista refinancia cuatro propiedades, reduciendo tasas de interés y extendiendo plazos de amortización. Esto disminuye los pagos hipotecarios en aproximadamente $300 mensuales por propiedad, generando $1,200 adicionales de flujo de efectivo mensual. El flujo de efectivo total ahora alcanza $21,600 mensuales.

Para reducir complejidad operativa, el inversionista convierte cuatro propiedades en alquileres de mediano plazo, disminuyendo costos administrativos en aproximadamente $200 mensuales por propiedad. Esto genera ahorros de $800 al mes, aumentando el flujo de efectivo total a $22,400 mensuales.

Además, destina $200,000 a un portafolio diversificado fuera del sector inmobiliario. Esta inversión genera aproximadamente $1,000 mensuales de ingresos pasivos adicionales, elevando los ingresos totales a $23,400 mensuales.

Con el paso del tiempo, el inversionista continúa amortizando deuda y beneficiándose de la apreciación inmobiliaria. El valor del portafolio aumenta hasta $5.5 millones y el patrimonio supera los $2.2 millones. Gracias a un flujo de efectivo sólido y una administración estratégica, alcanza tanto la independencia financiera como un crecimiento sostenido de riqueza.

Finalmente, establece un fideicomiso para transferir la propiedad del portafolio a su familia, garantizando que los activos continúen generando ingresos para futuras generaciones. Esto crea un legado duradero que trasciende la vida del inversionista.

Este ejemplo demuestra cómo la optimización estratégica, el refinanciamiento y la diversificación pueden transformar un portafolio en crecimiento en una fuente estable y sostenible de riqueza a largo plazo. La lección principal es que el verdadero éxito en la inversión Airbnb no consiste únicamente en crecer, sino en construir un sistema que perdure, se adapte y continúe generando valor durante generaciones.

Capítulo 12

El Plan Maestro Completo para un Portafolio Airbnb — Desde la Primera Propiedad Hasta la Libertad Financiera

En esta etapa de su trayectoria, ya ha explorado cada uno de los componentes principales necesarios para construir, escalar y optimizar un portafolio Airbnb, desde financiamiento y estructuración de operaciones hasta sistemas operativos, gestión del riesgo y estrategias de riqueza a largo plazo. El Capítulo 12 reúne todos estos elementos en un plan maestro completo y accionable que transforma el conocimiento en ejecución. Aquí es donde la estrategia se convierte en un sistema y donde su visión de libertad financiera se transforma en un proceso estructurado y repetible.

El primer principio del plan maestro de un portafolio Airbnb es la claridad del destino. La libertad financiera significa cosas diferentes para distintos inversionistas. Para algunos, puede significar generar $5,000 mensuales en ingresos pasivos para reemplazar un empleo tradicional. Para otros, puede significar construir un portafolio que produzca $20,000 o más al mes mientras continúa aumentando su valor. Definir claramente su ingreso objetivo, cronograma y metas de estilo de vida es esencial porque determina el tamaño y la estructura del portafolio que necesita construir. Sin esta claridad, es fácil perder el enfoque o perseguir estrategias que no están alineadas con sus objetivos.

El segundo principio consiste en diseñar el portafolio desde la meta final hacia atrás. En lugar de adquirir propiedades al azar, comienza con el resultado deseado y trabaja en reversa para determinar cuántas propiedades necesita, qué tipo de propiedades debe adquirir y cómo deben desempeñarse. Por ejemplo, si su objetivo es generar $15,000 mensuales en flujo de efectivo neto y cada propiedad genera aproximadamente $1,500 al mes, necesitará alrededor de diez propiedades. Este cálculo simple proporciona un objetivo claro y permite construir un plan realista y medible.

El tercer principio es el crecimiento por etapas. Escalar un portafolio Airbnb no ocurre en un solo salto; es una serie de fases, cada una con su propio enfoque y estrategia. La primera fase es la adquisición, donde el objetivo es asegurar las primeras una a tres propiedades y construir una base sólida. La segunda fase es la estabilización, donde se optimizan las operaciones, se mejora el rendimiento y se crea consistencia. La tercera fase es la expansión, donde se aprovechan financiamiento, sistemas y patrimonio acumulado para crecer rápidamente. La etapa final es la optimización y preservación de riqueza, donde se perfecciona el portafolio, se reduce el riesgo y se prioriza la sostenibilidad a largo plazo.

La estrategia de financiamiento evoluciona a lo largo de estas etapas. Durante las primeras fases, los inversionistas suelen depender de préstamos convencionales o de sus ingresos personales para calificar. A medida que el portafolio crece, los préstamos DSCR, los programas Non-QM y el financiamiento basado en activos adquieren mayor importancia. En etapas avanzadas, los inversionistas combinan múltiples estrategias, incluyendo reciclaje de patrimonio, asociaciones y financiamiento de portafolio. El plan maestro enfatiza la importancia de realizar estas transiciones en el momento adecuado para evitar cuellos de botella y mantener el impulso de crecimiento.

La selección de operaciones es otro componente crítico. No todas las propiedades merecen ser adquiridas, y los inversionistas exitosos desarrollan criterios estrictos para evaluar oportunidades. Esto incluye analizar ubicación, demanda, tipo de propiedad, potencial de ingresos, gastos y condiciones de financiamiento. Mantener disciplina en la selección garantiza que cada propiedad contribuya positivamente al portafolio y esté alineada con la estrategia general. Con el tiempo, esta consistencia conduce a un portafolio altamente rentable y escalable.

Los sistemas operativos constituyen la columna vertebral del plan maestro. Sin sistemas eficientes, la expansión se vuelve difícil e insostenible. Esto incluye automatización para comunicación con huéspedes, herramientas de precios dinámicos, procesos estandarizados de limpieza y mantenimiento, y sistemas de seguimiento de desempeño. A medida que el portafolio crece, estos sistemas permiten administrar más propiedades con menos esfuerzo, mejorando tanto la eficiencia como la rentabilidad.

La optimización del flujo de efectivo está integrada en cada etapa del plan. Desde la primera propiedad hasta el portafolio final, los inversionistas deben analizar y mejorar continuamente el rendimiento. Esto incluye ajustar precios, aumentar ocupación, reducir gastos y optimizar financiamiento. Pequeñas mejoras a nivel de propiedad generan efectos compuestos significativos a nivel de portafolio, produciendo incrementos sustanciales en los ingresos generales.

La gestión del riesgo está incorporada en todo el proceso. Diversificar entre mercados y tipos de propiedades, mantener reservas adecuadas y monitorear cambios regulatorios son elementos esenciales para proteger el portafolio. El plan maestro promueve un enfoque equilibrado hacia el crecimiento, garantizando que la expansión no ocurra a costa de la estabilidad. Al gestionar riesgos de manera proactiva, los inversionistas pueden construir un portafolio capaz de resistir desafíos y seguir produciendo resultados a largo plazo.

El reciclaje de patrimonio y los refinanciamientos son impulsores clave del crecimiento acelerado. Al desbloquear el valor acumulado en propiedades existentes y reinvertirlo en nuevas adquisiciones, los inversionistas crean un efecto compuesto que acelera significativamente la expansión. Esta estrategia reduce la necesidad de aportar constantemente nuevo capital y permite crecer de manera más eficiente.

El plan maestro también incorpora estrategias avanzadas como inversión multifamiliar, modelos de alquiler mixtos y financiamiento creativo. Estos enfoques proporcionan flexibilidad adicional y nuevas oportunidades de crecimiento, permitiendo adaptarse a diferentes condiciones del mercado y maximizar rendimientos. Al combinar estas estrategias, los inversionistas pueden construir un portafolio diversificado y resistente.

El seguimiento del desempeño y el análisis de datos son esenciales para la mejora continua. Los inversionistas deben monitorear métricas clave como ingresos, ocupación, gastos y flujo de efectivo en todas las propiedades. Esta información proporciona claridad sobre qué está funcionando y qué necesita ajustes. Tomar decisiones basadas en datos permite optimizar resultados y mantenerse por delante de las tendencias del mercado.

La mentalidad y la disciplina son los elementos intangibles que mantienen unido todo el plan maestro. Construir un portafolio Airbnb requiere consistencia, paciencia y la capacidad de tomar decisiones informadas bajo incertidumbre. Los inversionistas deben mantenerse enfocados en sus objetivos a largo plazo, evitar distracciones y perfeccionar continuamente su estrategia. El plan proporciona la estructura, pero la ejecución depende de la disciplina y el compromiso.

La integración con el estilo de vida es el componente final del plan. El propósito de construir un portafolio es crear libertad y flexibilidad. Los inversionistas deben diseñar sistemas y estrategias que respalden el estilo de vida deseado, ya sea mediante una participación activa o mediante una transición hacia un enfoque más pasivo. Al alinear el portafolio con objetivos personales, es posible alcanzar tanto éxito financiero como calidad de vida.

En última instancia, el plan maestro Airbnb es una hoja de ruta para transformar una sola propiedad en un sistema escalable y generador de ingresos que construya riqueza a largo plazo. Siguiendo este enfoque estructurado, los inversionistas pueden pasar de la incertidumbre a la claridad, del esfuerzo a la eficiencia y de los ingresos a la verdadera libertad financiera.

Ejemplo Matemático de la Vida Real: Construyendo un Portafolio de 1 a 12 Propiedades Utilizando el Plan Maestro Completo

Considere un inversionista que comienza con el objetivo de generar $18,000 mensuales en flujo de efectivo neto dentro de un período de cinco años. Basándose en un promedio de $1,500 mensuales por propiedad, determina que necesitará aproximadamente 12 propiedades para alcanzar esta meta.

Durante el primer año, adquiere su primera propiedad por $300,000 utilizando un pago inicial del 20%, equivalente a $60,000. La propiedad genera aproximadamente $1,200 mensuales de flujo de efectivo. Más adelante ese mismo año adquiere una segunda propiedad con un rendimiento similar, elevando sus ingresos mensuales a $2,400.

Durante el segundo año, se enfoca en estabilización y optimización, aumentando el flujo de efectivo promedio por propiedad a $1,400 mediante mejoras en precios y operaciones. Posteriormente adquiere dos propiedades adicionales utilizando préstamos DSCR, alcanzando un total de cuatro propiedades que generan aproximadamente $5,600 mensuales.

En el tercer año aprovecha el patrimonio acumulado en las dos primeras propiedades y realiza un refinanciamiento cash-out que genera $80,000 en capital. Utiliza estos fondos como pagos iniciales para dos propiedades adicionales, elevando el portafolio a seis propiedades. Cada una genera aproximadamente $1,500 mensuales, produciendo ingresos totales de $9,000 al mes.

Durante el cuarto año acelera la expansión combinando estrategias de financiamiento y asociaciones. Adquiere cuatro propiedades adicionales, alcanzando un total de diez propiedades. Gracias a la optimización continua y sistemas mejorados, el flujo de efectivo promedio aumenta a $1,600 por propiedad, produciendo ingresos mensuales totales de aproximadamente $16,000.

En el quinto año completa el portafolio adquiriendo dos propiedades finales utilizando flujo de efectivo acumulado y estrategias de refinanciamiento. El portafolio ahora consta de 12 propiedades generando un promedio de $1,700 mensuales por propiedad. Los ingresos mensuales totales alcanzan aproximadamente $20,400, superando la meta original.

Durante todo el proceso, el inversionista mantiene reservas adecuadas, diversifica entre distintos mercados y optimiza continuamente el rendimiento de cada activo. Los valores de las propiedades continúan apreciándose con el tiempo, llevando el valor total del portafolio a más de $4 millones y creando una cantidad significativa de patrimonio disponible para futuras oportunidades.

Este ejemplo demuestra cómo un plan estructurado puede guiar a un inversionista desde su primera propiedad hasta un portafolio completamente desarrollado. Siguiendo una estrategia clara, aprovechando herramientas de financiamiento y manteniendo disciplina en la ejecución, el inversionista logra alcanzar la libertad financiera dentro de un plazo definido.

La lección principal es que el éxito en la inversión Airbnb no ocurre por accidente. Es el resultado de un sistema bien diseñado ejecutado consistentemente a lo largo del tiempo. Al aplicar los principios descritos en este plan maestro, los inversionistas pueden construir un portafolio que no solo alcance sus metas financieras, sino que también proporcione libertad, seguridad y prosperidad duraderas.

Capítulo 13

Dominando la Consistencia, el Impulso y la Disciplina para Escalar

En el nivel más alto de la inversión en Airbnb, el éxito ya no está determinado únicamente por el conocimiento; está determinado por la ejecución, la consistencia y la capacidad de mantener el impulso durante largos períodos de tiempo. Muchos inversionistas aprenden las estrategias, entienden los números e incluso adquieren algunas propiedades, pero nunca alcanzan la verdadera libertad financiera porque carecen de disciplina y consistencia. Este capítulo se enfoca en la capa final y más importante de la construcción de un portafolio Airbnb: dominar los hábitos, sistemas y la mentalidad necesarios para sostener el crecimiento y alcanzar el éxito a largo plazo.

La consistencia es el motor que impulsa los resultados compuestos. En las primeras etapas de la inversión, el progreso puede parecer lento y los resultados pueden parecer modestos. Sin embargo, cada propiedad adquirida, cada sistema implementado y cada mejora realizada contribuyen a un sistema más grande que crece con el tiempo. La clave es mantenerse constante en las acciones, incluso cuando los resultados no son visibles de inmediato. Los inversionistas que permanecen comprometidos con su estrategia, continúan adquiriendo propiedades y optimizan constantemente su portafolio eventualmente alcanzan un punto de inflexión donde el crecimiento se acelera y los resultados se multiplican rápidamente.

El impulso está estrechamente relacionado con la consistencia. Una vez que un inversionista construye impulso, cada acción se vuelve más fácil y eficiente. El financiamiento se vuelve más fluido, el flujo de oportunidades aumenta y los sistemas operativos se vuelven más refinados. El impulso reduce la fricción y crea un ciclo positivo donde el éxito genera más oportunidades. Sin embargo, el impulso también puede perderse si la consistencia se rompe. Largos períodos sin adquisiciones, falta de seguimiento o una administración inconsistente pueden ralentizar el progreso y dificultar la recuperación del ritmo de crecimiento.

Uno de los hábitos más importantes para mantener el impulso es establecer metas claras y medibles. Los inversionistas deben definir objetivos tanto a corto como a largo plazo, como adquirir una determinada cantidad de propiedades por año o alcanzar un nivel específico de flujo de efectivo mensual. Estas metas proporcionan dirección y ayudan a mantener el enfoque. Dividir objetivos grandes en pasos más pequeños y accionables los hace más alcanzables y permite avanzar de manera constante.

La administración del tiempo es otro factor crítico para sostener el crecimiento. A medida que el portafolio crece, también aumenta la cantidad de tareas y responsabilidades. Sin una gestión efectiva del tiempo, los inversionistas pueden sentirse abrumados y perder el enfoque en actividades de alto valor. Priorizar tareas que contribuyan directamente al crecimiento —como adquisiciones, financiamiento y optimización— garantiza que el tiempo se utilice de manera eficiente. Delegar o automatizar tareas de menor valor permite concentrarse en decisiones estratégicas que generan mayores resultados.

La disciplina en la toma de decisiones es esencial para el éxito a largo plazo. Los inversionistas se enfrentan constantemente a nuevas oportunidades, pero no todas merecen ser perseguidas. Mantener criterios estrictos para la selección de operaciones y evitar decisiones impulsivas garantiza que cada adquisición esté alineada con la estrategia general. La disciplina también implica saber cuándo decir no, incluso a operaciones que parecen atractivas en la superficie, pero que no cumplen con los estándares establecidos.

Otro aspecto clave de la consistencia es mantener disciplina financiera. Esto incluye administrar el flujo de efectivo, conservar reservas adecuadas y evitar el sobreapalancamiento. Aunque el crecimiento agresivo puede parecer atractivo, debe equilibrarse con estabilidad. Los inversionistas que priorizan la disciplina financiera están mejor preparados para enfrentar fluctuaciones del mercado y desafíos inesperados, garantizando que su portafolio permanezca sostenible a lo largo del tiempo.

La rutina y la estructura desempeñan un papel importante en el mantenimiento de la consistencia. Establecer rutinas diarias, semanales y mensuales ayuda a crear un ritmo que favorece la productividad y el progreso. Por ejemplo, un inversionista puede dedicar tiempo específico cada semana a analizar oportunidades, revisar métricas de desempeño u optimizar operaciones. Estas rutinas garantizan que las tareas importantes se aborden de manera constante y evitan que áreas críticas sean descuidadas.

El seguimiento del progreso es esencial para mantener la motivación y la responsabilidad personal. Al monitorear métricas clave como flujo de efectivo, rendimiento de propiedades y crecimiento del portafolio, los inversionistas pueden observar los resultados de sus esfuerzos e identificar áreas de mejora. Además, el seguimiento del progreso proporciona una sensación de logro que refuerza la importancia de la consistencia y motiva a continuar avanzando.

La adaptabilidad es otro elemento importante del éxito a largo plazo. Aunque la consistencia es fundamental, los inversionistas también deben estar dispuestos a ajustar sus estrategias en respuesta a cambios en las condiciones del mercado. Esto incluye adaptarse a nuevas regulaciones, cambios en la demanda o modificaciones en las opciones de financiamiento. La capacidad de mantenerse flexible mientras se conserva una dirección general consistente es lo que permite superar desafíos y continuar creciendo.

La mentalidad es la base de la consistencia y la disciplina. Construir un portafolio Airbnb requiere resiliencia, paciencia y confianza. Habrá contratiempos, desafíos y períodos de incertidumbre, pero mantener una mentalidad positiva y enfocada permite superar obstáculos y seguir avanzando. Ver los desafíos como oportunidades de crecimiento en lugar de fracasos ayuda a mantener el impulso y fortalece el compromiso a largo plazo.

Otro concepto importante es el esfuerzo compuesto. Así como los rendimientos financieros se acumulan con el tiempo, también lo hacen los efectos de la acción consistente. Cada propiedad adquirida aumenta el flujo de efectivo, que luego puede reinvertirse en propiedades adicionales. Cada mejora operativa aumenta la eficiencia y la rentabilidad. Con el tiempo, estos esfuerzos acumulados crean un crecimiento exponencial que transforma un pequeño portafolio en una fuente significativa de riqueza.

La responsabilidad es una herramienta poderosa para mantener la disciplina. Ya sea mediante mentores, socios o sistemas personales de seguimiento, contar con mecanismos de responsabilidad garantiza que los compromisos se cumplan. Esto puede incluir establecer fechas límite, monitorear el progreso o revisar objetivos regularmente. La responsabilidad ayuda a mantener el enfoque y evita la procrastinación o la complacencia.

La visión a largo plazo une todos estos elementos. Aunque las acciones diarias son importantes, deben estar alineadas con una meta clara de largo plazo. Esta visión proporciona motivación y dirección, ayudando a los inversionistas a mantenerse comprometidos incluso durante períodos difíciles. Al mantener el objetivo final presente, es posible conservar la perspectiva y continuar tomando decisiones que respalden la estrategia general.

En última instancia, dominar la consistencia, el impulso y la disciplina es lo que transforma a un inversionista de alguien que posee unas pocas propiedades en alguien que construye un portafolio escalable y de alto rendimiento. Estos principios garantizan que el crecimiento no solo se alcance, sino que también se mantenga a lo largo del tiempo, conduciendo a un éxito financiero duradero y a la verdadera libertad financiera.

Ejemplo Matemático de la Vida Real: El Poder del Crecimiento Consistente Durante 5 Años

Considere un inversionista que se compromete a adquirir solamente dos propiedades Airbnb por año durante un período de cinco años. Cada propiedad genera un promedio de $1,200 mensuales en flujo de efectivo. Aunque esto puede parecer modesto al principio, el poder de la consistencia se vuelve evidente con el paso del tiempo.

Durante el primer año, el inversionista adquiere dos propiedades que generan un total de $2,400 mensuales en flujo de efectivo. Durante el segundo año adquiere dos propiedades adicionales, llevando el total a cuatro propiedades y $4,800 mensuales de ingresos. Para el tercer año, el portafolio alcanza seis propiedades que generan aproximadamente $7,200 mensuales.

En el cuarto año, el inversionista adquiere dos propiedades adicionales, alcanzando ocho propiedades y $9,600 mensuales en flujo de efectivo. Para el quinto año, el portafolio consta de diez propiedades que generan aproximadamente $12,000 mensuales. En este punto, el inversionista ha alcanzado un nivel significativo de independencia financiera simplemente mediante acciones consistentes.

Sin embargo, el impacto de la consistencia no termina ahí. Al optimizar las operaciones y aumentar el flujo de efectivo promedio por propiedad en $200 mediante mejoras de precios y eficiencia, los ingresos mensuales totales aumentan a aproximadamente $14,000. Además, la apreciación de las propiedades incrementa el valor general del portafolio, creando patrimonio adicional que puede utilizarse para futuras expansiones.

Si el inversionista continúa este patrón durante otros cinco años, adquiriendo dos propiedades por año, el portafolio crecerá hasta veinte propiedades generando aproximadamente $28,000 mensuales. Esto demuestra cómo la acción consistente y disciplinada puede producir un crecimiento exponencial con el tiempo.

La conclusión principal de este ejemplo es que el éxito no requiere una expansión rápida o agresiva; requiere un esfuerzo constante y enfocado durante largos períodos de tiempo. Al comprometerse con un plan claro y ejecutarlo de manera consistente, los inversionistas pueden lograr resultados extraordinarios sin asumir riesgos excesivos.

Este ejemplo también resalta la importancia del impulso. Cada año se construye sobre el anterior, creando un efecto compuesto que acelera el crecimiento. La experiencia, los sistemas y los recursos del inversionista mejoran con el tiempo, haciendo que cada adquisición posterior sea más fácil y eficiente. En última instancia, la combinación de consistencia, disciplina e impulso crea un poderoso camino hacia la libertad financiera. Al enfocarse en el progreso constante y en objetivos de largo plazo, los inversionistas pueden construir un portafolio que crezca de manera predecible y sostenible, generando resultados duraderos.

Capítulo 14

Creando un Flujo Predecible de Oportunidades y Construyendo una Máquina Escalable de Adquisiciones

En el nivel más alto de la inversión en Airbnb, la diferencia entre los inversionistas que se estancan y aquellos que continúan escalando es simple: el flujo de oportunidades. Puede tener un financiamiento perfecto, operaciones sólidas y una estrategia clara, pero sin acceso constante a oportunidades de alta calidad, el crecimiento se desacelera o se detiene por completo. Los inversionistas más exitosos no dependen de la suerte ni de oportunidades ocasionales. Construyen sistemas que generan oportunidades de forma constante, predecible y escalable. Este capítulo se enfoca en cómo crear un motor de generación de oportunidades que alimente continuamente su portafolio y le permita crecer sin límites.

El primer cambio de mentalidad consiste en pasar de buscar oportunidades de manera pasiva a generarlas activamente. La mayoría de los inversionistas navegan por plataformas inmobiliarias, esperan que aparezcan nuevas propiedades y compiten con decenas de compradores. Este enfoque reactivo limita las oportunidades y frecuentemente conduce a pagar precios más altos. Los inversionistas avanzados toman el control de su embudo de adquisiciones creando múltiples canales de generación de oportunidades. En lugar de esperar oportunidades, las atraen. Este es el fundamento de una máquina de adquisiciones escalable.

Una de las fuentes más efectivas de oportunidades son las relaciones. Agentes inmobiliarios, mayoristas, corredores y propietarios están constantemente expuestos a posibles operaciones. Al desarrollar relaciones sólidas con estas personas, los inversionistas pueden obtener acceso a oportunidades antes de que lleguen al mercado abierto. Convertirse en un comprador serio y confiable es fundamental. Cuando los agentes saben que usted puede cerrar operaciones de manera rápida y consistente, es más probable que le presenten oportunidades directamente. Con el tiempo, esto crea un flujo constante de propiedades fuera del mercado tradicional que no están disponibles para el público en general.

El marketing directo es otra estrategia poderosa para generar oportunidades. Esto implica contactar directamente a propietarios mediante campañas de correo, mensajes de texto o publicidad segmentada. Al identificar propiedades que cumplen con sus criterios y comunicarse directamente con los propietarios, puede descubrir oportunidades que otros inversionistas están ignorando. Este enfoque requiere esfuerzo y consistencia, pero puede generar operaciones de alta calidad con menor competencia y condiciones más favorables.

La búsqueda de oportunidades basada en datos se está convirtiendo en una herramienta cada vez más importante en la inversión inmobiliaria moderna. Las plataformas que analizan tendencias de mercado, desempeño de alquileres y datos de propiedades permiten identificar rápidamente oportunidades con alto potencial. Al aprovechar los datos, los inversionistas pueden enfocar sus esfuerzos en propiedades que cumplen criterios específicos, aumentando la eficiencia y mejorando la probabilidad de éxito. Este enfoque reduce las suposiciones y permite tomar decisiones más informadas.

Otro componente clave de una máquina escalable de adquisiciones es contar con criterios de compra claramente definidos. Esto consiste en un conjunto específico de parámetros que cada operación potencial debe cumplir. Estos criterios pueden incluir ubicación, rango de precios, flujo de efectivo esperado, tasas de ocupación y tipo de propiedad. Tener una caja de compra claramente definida permite evaluar rápidamente las oportunidades y tomar decisiones sin caer en análisis excesivos. También garantiza consistencia en las adquisiciones, contribuyendo a un portafolio más sólido y de mejor rendimiento.

La velocidad es una ventaja competitiva en la adquisición de propiedades. En muchos mercados, las mejores oportunidades se aseguran rápidamente, a menudo antes de que estén ampliamente disponibles. Los inversionistas que tienen su financiamiento, sistemas y procesos de decisión listos pueden actuar más rápido que la competencia. Esto incluye contar con preaprobaciones de prestamistas, acceso al capital y una comprensión clara de lo que constituye una buena operación. La velocidad no solo aumenta la probabilidad de asegurar propiedades, sino que también fortalece las relaciones con agentes y vendedores.

Otro aspecto importante del flujo de oportunidades es la conversión. No todos los prospectos se convertirán en una operación, pero contar con un proceso estructurado para evaluar y dar seguimiento a las oportunidades aumenta significativamente las tasas de conversión. Esto incluye analizar propiedades rápidamente, presentar ofertas competitivas y mantener una comunicación constante con vendedores y agentes. Un sistema sólido de seguimiento garantiza que las oportunidades potenciales no se pierdan debido a falta de atención o respuestas tardías.

Escalar el flujo de oportunidades también implica construir un equipo. A medida que aumenta el número de prospectos, se vuelve difícil para una sola persona gestionar todo el proceso. Contratar o asociarse con especialistas en adquisiciones, analistas o asistentes virtuales puede ayudar a administrar el embudo y mantener la eficiencia. Cada miembro del equipo puede enfocarse en tareas específicas, como generación de prospectos, análisis de operaciones o coordinación de cierres. Esta división del trabajo permite que la máquina de adquisiciones opere a un nivel mucho más alto.

Promocionar su marca como inversionista es otra herramienta poderosa para generar oportunidades. Al establecer una presencia en línea, crear contenido y posicionarse como experto, puede atraer oportunidades de manera orgánica. Los vendedores y socios son más propensos a acercarse a inversionistas con una marca visible y creíble. Esto puede incluir redes sociales, sitios web o contenido educativo que demuestre experiencia y resultados comprobados.

La consistencia es la clave para mantener el flujo de oportunidades. Como cualquier sistema, una máquina de adquisiciones requiere actividad constante. Esto incluye contacto continuo con prospectos, desarrollo de relaciones y esfuerzos de marketing permanentes. Incluso durante períodos en los que se están cerrando operaciones, es importante seguir alimentando el embudo para garantizar futuras oportunidades. El esfuerzo consistente genera resultados consistentes.

Otra estrategia avanzada consiste en combinar múltiples canales de generación de oportunidades. En lugar de depender de una sola fuente, los inversionistas utilizan simultáneamente relaciones con agentes, marketing directo y herramientas basadas en datos. Esto crea un embudo diversificado que reduce la dependencia de una sola fuente y aumenta el volumen total de oportunidades. Además, permite adaptarse mejor a cambios en el mercado y mantener un flujo constante de nuevas propiedades.

La preparación financiera es esencial para convertir oportunidades en adquisiciones reales. Tener acceso a capital, ya sea mediante fondos propios, asociaciones o financiamiento, garantiza que las oportunidades puedan aprovecharse rápidamente. Sin preparación financiera, incluso las mejores operaciones pueden perderse. Esto resalta la importancia de alinear el flujo de oportunidades con una estrategia sólida de financiamiento.

El seguimiento y la optimización del proceso de adquisición son fundamentales para el éxito a largo plazo. Los inversionistas deben monitorear métricas como prospectos generados, operaciones analizadas, ofertas realizadas y propiedades adquiridas. Al analizar estas métricas, es posible identificar áreas de mejora y optimizar continuamente los sistemas. Esta mejora constante incrementa la eficiencia y aumenta las tasas de conversión con el tiempo.

Finalmente, la mentalidad juega un papel crucial en la construcción de una máquina escalable de adquisiciones. Los inversionistas deben adoptar la persistencia, la adaptabilidad y una visión de largo plazo. No todos los prospectos se convertirán en una operación y los contratiempos son inevitables. Sin embargo, al mantener el enfoque y la consistencia, la máquina continuará produciendo resultados. Con el tiempo, este sistema se convierte en un poderoso motor de crecimiento que permite escalar el portafolio de manera predecible y sostenible.

Ejemplo Matemático de la Vida Real: Construyendo una Máquina de Oportunidades que Produce 12 Propiedades en 2 Años

Considere un inversionista que establece como objetivo adquirir 12 propiedades Airbnb en un período de dos años.

Para lograrlo, construye un sistema de generación de oportunidades que produce 50 prospectos al mes provenientes de múltiples fuentes, incluyendo relaciones con agentes, marketing directo y plataformas en línea.

De estos 50 prospectos, el inversionista analiza aproximadamente 30 propiedades en detalle. De esas 30, unas 10 cumplen con sus criterios de compra y merecen seguimiento. El inversionista presenta ofertas sobre estas 10 propiedades cada mes. En promedio, dos ofertas son aceptadas, resultando en dos adquisiciones mensuales durante los períodos de mayor actividad.

Durante el primer año, este sistema produce 12 adquisiciones. Cada propiedad genera un promedio de $1,300 mensuales en flujo de efectivo, resultando en aproximadamente $15,600 mensuales de ingresos al finalizar el año.

En el segundo año, el inversionista perfecciona su sistema, aumentando la generación de prospectos a 60 oportunidades mensuales y mejorando las tasas de conversión. Gracias a una mayor eficiencia, ahora cierra un promedio de 1.5 operaciones por mes, agregando 18 propiedades potenciales en dos años. Sin embargo, debido a restricciones de capital y selección estratégica, se enfoca únicamente en adquirir las mejores 12 operaciones. Estas propiedades generan un promedio de

$1,500 mensuales en flujo de efectivo, produciendo aproximadamente $18,000 mensuales de ingresos.

El costo de operar este sistema incluye aproximadamente $2,000 mensuales en marketing y $3,000 mensuales en apoyo de equipo. Durante dos años, esto representa aproximadamente $120,000 en gastos. Sin embargo, el portafolio genera $18,000 mensuales, equivalentes a $216,000 anuales, superando ampliamente los costos de adquisición.

Además, la apreciación de las propiedades incrementa el valor total del portafolio a más de $4 millones, creando una cantidad significativa de patrimonio. Este patrimonio puede utilizarse para continuar expandiendo el portafolio, multiplicando los resultados generados por la máquina de adquisiciones.

Este ejemplo demuestra cómo un sistema estructurado de generación de oportunidades puede producir crecimiento consistente y escalable. Al generar prospectos, analizar operaciones y mantener un proceso disciplinado de adquisición, el inversionista logra construir un portafolio de 12 propiedades en un período de dos años.

La lección principal es que el flujo de oportunidades no es aleatorio; es un sistema que puede construirse, optimizarse y escalarse. Al crear un embudo predecible de oportunidades, los inversionistas eliminan gran parte de la incertidumbre y pueden enfocarse en la ejecución. Esto transforma el proceso de adquisición de propiedades de un desafío impredecible en un sistema repetible y controlable que impulsa el éxito a largo plazo y la libertad financiera.

Capítulo 15

La Evolución Final — Transformando su Portafolio Airbnb en una Máquina de Riqueza Autosostenible

En esta etapa, usted ya no es simplemente un inversionista; es el arquitecto de un sistema financiero que tiene el potencial de operar independientemente de su tiempo, crecer de manera continua y generar riqueza durante décadas. La evolución final de la inversión en Airbnb no consiste en adquirir más propiedades, optimizar algunos números o incluso escalar más rápido. Se trata de transformar su portafolio en una máquina de riqueza autosostenible: un sistema que produce ingresos, reinvierte capital, se adapta a los cambios y requiere una participación activa mínima por su parte. Aquí es donde se alcanza la verdadera libertad financiera.

El primer principio de un portafolio autosostenible es la automatización de los ingresos y de la reinversión. En las etapas anteriores, usted trabajó activamente para adquirir propiedades, administrar operaciones y optimizar el rendimiento. Ahora, el objetivo es crear un sistema donde los ingresos generados por las propiedades financien automáticamente el crecimiento futuro. Esto significa establecer un proceso mediante el cual una parte del flujo de efectivo mensual se destine de manera constante a adquirir nuevos activos, reducir deuda o invertir en otras oportunidades. Con el tiempo, esta reinversión crea un efecto compuesto que acelera la creación de riqueza sin requerir esfuerzo adicional.

El segundo principio es la independencia operativa. Un portafolio no puede considerarse una verdadera máquina de riqueza si depende completamente de su participación diaria. Deben existir sistemas, equipos y automatizaciones capaces de manejar las operaciones de manera eficiente. Esto incluye la administración de propiedades, la comunicación con huéspedes, el mantenimiento y el seguimiento financiero. Ya sea mediante equipos internos o proveedores externos, el objetivo es garantizar que el portafolio continúe funcionando sin problemas incluso si usted se aleja por completo de las operaciones. La independencia operativa le permite pasar de administrar propiedades a supervisar estrategias.

La asignación del flujo de efectivo se convierte en una decisión estratégica en este nivel. En lugar de simplemente recibir ingresos, debe decidir cómo desplegarlos de manera efectiva. Esto puede implicar reinvertir en nuevas propiedades, reducir deuda con altas tasas de interés, fortalecer reservas o diversificar hacia otras clases de activos. Un plan estructurado de asignación garantiza que cada dólar generado por el portafolio contribuya al crecimiento y la estabilidad a largo plazo. Por ejemplo, un inversionista puede destinar el 50% del flujo de efectivo a reinversión, el 30% a reservas y reducción de deuda, y el 20% a ingresos personales.

Otro componente clave de un portafolio autosostenible es la redundancia financiera. Esto significa crear múltiples capas de ingresos y protección dentro del portafolio. Tener propiedades en diferentes mercados, utilizar modelos de alquiler mixtos y mantener reservas sólidas son ejemplos de redundancia. Si una propiedad o mercado tiene un rendimiento inferior al esperado, el resto del portafolio puede continuar generando ingresos. Esto reduce el riesgo y garantiza que el sistema permanezca estable bajo diferentes condiciones económicas y operativas.

La estrategia de deuda evoluciona durante la etapa final de la inversión. Aunque el apalancamiento es esencial para escalar, reducir deuda con el tiempo puede aumentar la estabilidad y el patrimonio neto. Algunos inversionistas optan por amortizar determinadas propiedades, refinanciar hacia estructuras de menor riesgo o mantener una combinación equilibrada de activos apalancados y libres de deuda. El objetivo es construir un portafolio que genere un flujo de efectivo sólido mientras minimiza la vulnerabilidad financiera.

Otro concepto importante es la optimización del portafolio para maximizar la eficiencia. En esta etapa, los inversionistas evalúan si todas las propiedades están contribuyendo adecuadamente al sistema general. Los activos con bajo rendimiento pueden venderse o reposicionarse, mientras que las propiedades de alto desempeño pueden optimizarse aún más. Este proceso continuo de refinamiento garantiza que el portafolio permanezca eficiente y alineado con objetivos de largo plazo.

La eficiencia fiscal adquiere una importancia cada vez mayor a medida que los ingresos crecen. Estructurar el portafolio de manera que minimice las obligaciones fiscales puede aumentar significativamente los rendimientos netos. Esto puede implicar aprovechar la depreciación, utilizar entidades con ventajas fiscales o planificar estratégicamente ventas y reinversiones. Trabajar con profesionales especializados ayuda a garantizar que el portafolio esté estructurado para alcanzar la máxima eficiencia posible.

La planificación del legado es un elemento distintivo de una máquina de riqueza autosostenible. El portafolio deja de ser simplemente una fuente de ingresos y se convierte en un activo que puede transmitirse a futuras generaciones. La creación de fideicomisos, planes sucesorios y estructuras adecuadas de propiedad garantiza que el portafolio continúe operando y generando ingresos mucho después de la vida del inversionista. Esto transforma las inversiones en un legado duradero que beneficia a la familia y a las generaciones futuras.

Otra estrategia avanzada consiste en crear capas adicionales de ingresos más allá de las propiedades mismas. Esto puede incluir aprovechar la experiencia adquirida para desarrollar contenido educativo, servicios de consultoría o asociaciones estratégicas. Estas fuentes adicionales de ingresos fortalecen el sistema general y proporcionan una mayor diversificación. También permiten monetizar el conocimiento acumulado y ampliar el impacto profesional y financiero.

La libertad de tiempo es la recompensa definitiva de construir un portafolio autosostenible. Con sistemas y procesos adecuados, puede elegir el nivel de participación que desea mantener. Algunos inversionistas continúan expandiendo activamente sus portafolios, mientras que otros adoptan un papel más pasivo. Lo importante es tener la libertad de tomar esa decisión. Esta libertad es lo que transforma el éxito financiero en un estilo de vida verdaderamente significativo.

Otro aspecto importante de esta evolución final es la resiliencia. Los mercados cambiarán, las regulaciones evolucionarán y surgirán desafíos inesperados. Un portafolio autosostenible está diseñado para adaptarse a estos cambios. Esto incluye mantener reservas adecuadas, diversificar fuentes de ingresos y monitorear continuamente el desempeño. La resiliencia garantiza que el portafolio no solo sobreviva a los desafíos, sino que continúe prosperando a pesar de ellos.

El efecto compuesto sigue siendo la fuerza impulsora detrás de la riqueza a largo plazo. A medida que los ingresos se reinvierten y las propiedades se aprecian, el portafolio crece exponencialmente. Cada ciclo de reinversión aumenta la base sobre la cual se produce el crecimiento futuro. Con el tiempo, este efecto compuesto puede generar niveles de riqueza mucho mayores de los que serían posibles mediante un crecimiento lineal.

La mentalidad en esta etapa cambia del crecimiento hacia la administración responsable. Usted ya no se enfoca únicamente en construir riqueza; ahora también se dedica a gestionarla y preservarla. Esto requiere una perspectiva de largo plazo, disciplina en la toma de decisiones y un compromiso con la sostenibilidad. Adoptar esta mentalidad garantiza que el portafolio continúe generando valor durante muchos años.

En última instancia, la transformación hacia una máquina de riqueza autosostenible representa la culminación de todo lo aprendido. Es el punto donde el portafolio opera como un sistema que genera ingresos, reinvierte capital y se adapta a los cambios. Esta es la verdadera definición de libertad financiera: un sistema que trabaja para usted, en lugar de uno que depende de usted.

Ejemplo Matemático de la Vida Real: Transformando un Portafolio de 15 Propiedades en una Máquina de Riqueza Autosostenible

Considere un inversionista que ha construido un portafolio de 15 propiedades Airbnb, cada una generando un promedio de $1,500 mensuales en flujo de efectivo. Esto produce ingresos mensuales totales de $22,500, equivalentes a $270,000 anuales. El objetivo del inversionista es convertir este portafolio en un sistema autosostenible que continúe creciendo sin requerir capital personal adicional.

El inversionista comienza asignando el 50% del flujo de efectivo mensual, equivalente a $11,250, a reinversión. Este capital se utiliza para adquirir una nueva propiedad cada seis meses, considerando que cada adquisición requiere aproximadamente $70,000 de inversión total. Durante un período de dos años, esta estrategia permite adquirir cuatro propiedades adicionales, aumentando el portafolio a 19 propiedades.

Cada nueva propiedad genera aproximadamente $1,400 mensuales en flujo de efectivo, agregando $5,600 mensuales al portafolio. Como resultado, los ingresos mensuales totales aumentan a $28,100. Simultáneamente, el inversionista destina el 30% del flujo de efectivo, equivalente a $6,750 mensuales, a reservas y reducción de deuda. Durante dos años, esto genera aproximadamente $162,000 en reservas y reduce significativamente los saldos hipotecarios.

El 20% restante del flujo de efectivo, equivalente a $4,500 mensuales, se utiliza para ingresos personales, proporcionando libertad financiera mientras el sistema continúa creciendo. A medida que el portafolio se expande, la apreciación inmobiliaria incrementa el valor total de las propiedades de $5 millones a aproximadamente $6.2 millones, creando patrimonio adicional significativo.

Posteriormente, el inversionista optimiza las operaciones y aumenta el flujo de efectivo promedio por propiedad en $200 mensuales mediante mejoras en precios y eficiencia. Con 19 propiedades, esto agrega aproximadamente $3,800 mensuales adicionales, llevando los ingresos totales a $31,900 al mes.

Al reinvertir ingresos, reducir deuda y optimizar continuamente el rendimiento, el portafolio se vuelve cada vez más autosostenible. Las nuevas adquisiciones son financiadas por los ingresos existentes y el sistema continúa creciendo sin necesidad de capital externo adicional.

Durante un período de cinco años, el portafolio se expande hasta alcanzar 25 propiedades, generando más de $40,000 mensuales en flujo de efectivo. En este punto, el inversionista ha alcanzado un nivel de independencia financiera donde el portafolio no solo financia su estilo de vida, sino que continúa creciendo automáticamente.

Este ejemplo ilustra el poder de la reinversión y del crecimiento compuesto. Al crear un sistema donde los ingresos alimentan el crecimiento, el inversionista transforma su portafolio en una máquina de riqueza autosostenible. La lección principal es que la verdadera libertad financiera se alcanza cuando las inversiones generan suficientes ingresos para financiar tanto el estilo de vida deseado como el crecimiento futuro.

En este nivel, el portafolio ya no es simplemente una colección de propiedades. Es un sistema dinámico que evoluciona, se adapta y se expande con el tiempo. Al aplicar los principios descritos en este capítulo, los inversionistas pueden alcanzar el objetivo máximo de la inversión Airbnb: una fuente de riqueza autosostenible, escalable y duradera que continúe produciendo resultados durante generaciones.

Reflexiones Finales

Al llegar al final de este recorrido a través de la Serie Maestría en Préstamos Hipotecarios para Airbnb, es importante detenerse por un momento y reconocer cuánto ha avanzado, no solo en conocimiento, sino también en perspectiva. Lo que pudo haber comenzado como una simple curiosidad por los alquileres a corto plazo o como el deseo de generar ingresos adicionales, ahora se ha convertido en un sistema completo para construir, escalar y mantener riqueza mediante la inversión en Airbnb. Ya no piensa como un principiante. Ahora piensa como un estratega, un constructor y, en última instancia, como el propietario de un sistema financiero con el potencial de transformar su vida y la de quienes le rodean.

A lo largo de esta serie, ha aprendido que el éxito en la inversión Airbnb no depende de la suerte, del momento perfecto ni siquiera de encontrar la operación ideal. Se trata de comprender el proceso, aplicar estrategias consistentes y construir un sistema que funcione con el paso del tiempo. Desde su primera propiedad hasta un portafolio completamente escalado, cada etapa presenta sus propios desafíos y oportunidades. Sin embargo, con el conocimiento y el enfoque adecuados, cada etapa se convierte en un escalón hacia adelante en lugar de una barrera.

Una de las lecciones más importantes es que el financiamiento no es una limitación; es una herramienta. Al principio, muchos inversionistas creen que la falta de ingresos, capital o experiencia les impedirá avanzar. Sin embargo, como ha visto a lo largo de este recorrido, existen múltiples estrategias de financiamiento disponibles, incluidos los préstamos DSCR, los programas Non-QM, los préstamos basados en activos y diversas técnicas de financiamiento creativo. La clave no consiste en encajar dentro de una sola categoría, sino en comprender cómo utilizar estas herramientas estratégicamente para alcanzar sus objetivos. Cuando comienza a ver el financiamiento como algo flexible en lugar de restrictivo, aparecen nuevas oportunidades.

También ha aprendido que escalar no significa hacer más cosas; significa hacerlas mejor. Adquirir más propiedades sin sistemas, estrategia y disciplina conduce al caos. En cambio, construir un portafolio con intención, estructura y eficiencia crea impulso y éxito sostenible a largo plazo. Cada propiedad debe cumplir una función específica dentro de su portafolio, contribuyendo a sus objetivos generales y fortaleciendo su posición financiera. Este cambio de una expansión aleatoria a un crecimiento estratégico es lo que separa a los inversionistas promedio de aquellos que construyen verdadera riqueza.

Otra conclusión fundamental es el poder de los sistemas y la automatización. Al principio, administrar una propiedad puede parecer sencillo e incluso fácil. Sin embargo, a medida que el portafolio crece, también aumenta la complejidad. Sin sistemas adecuados, esa complejidad puede volverse abrumadora. Con sistemas bien diseñados, se vuelve manejable e incluso escalable. La automatización, la delegación y la estandarización le permiten operar a un nivel superior, liberando tiempo para enfocarse en el crecimiento y la estrategia. Esta es la transición de trabajar dentro de su negocio a trabajar sobre su negocio.

La gestión del riesgo es un tema presente en cada etapa de este recorrido. Aunque la inversión en Airbnb ofrece un potencial significativo de ingresos, también implica incertidumbres. Las fluctuaciones del mercado, los cambios regulatorios y los desafíos operativos forman parte del entorno. El objetivo no es eliminar el riesgo por completo, sino administrarlo de manera inteligente. La diversificación, las reservas financieras y la planificación estratégica proporcionan la estabilidad necesaria para superar los desafíos y continuar avanzando. Un portafolio bien estructurado no solo es rentable; también es resiliente.

A medida que avanzó a través de la serie, comenzó a comprender cómo cada componente se conecta con los demás.

El financiamiento impulsa las adquisiciones. Las adquisiciones alimentan el crecimiento del portafolio. Las operaciones sostienen el rendimiento. La optimización aumenta la rentabilidad. El refinanciamiento libera patrimonio. Y el patrimonio impulsa nuevas oportunidades de crecimiento. Este sistema interconectado es lo que transforma propiedades individuales en una máquina escalable de creación de riqueza. Cuando cada parte está alineada y funcionando correctamente, el sistema completo se vuelve mucho más poderoso que la suma de sus componentes individuales.

También exploró estrategias avanzadas que llevan su inversión al siguiente nivel. Las propiedades multifamiliares, los modelos de alquiler mixtos, el financiamiento creativo y los sistemas de generación de oportunidades proporcionan nuevas vías para crecer. Estas estrategias no son necesariamente indispensables al principio, pero se vuelven esenciales a medida que escala. Le permiten superar limitaciones, acceder a nuevas oportunidades y continuar expandiendo su portafolio incluso en mercados altamente competitivos.

Quizás uno de los conceptos más poderosos que ha aprendido es el efecto compuesto. Así como los intereses se acumulan en una cuenta de ahorro, sus esfuerzos, inversiones y sistemas también se acumulan con el tiempo. Cada propiedad agrega ingresos. Cada mejora aumenta la eficiencia. Cada decisión se construye sobre la anterior. Con el tiempo, estos efectos acumulativos crean un crecimiento exponencial. Lo que comienza como una sola propiedad puede evolucionar hasta convertirse en un portafolio capaz de generar ingresos sustanciales y una riqueza significativa.

Pero más allá de los números, existe un propósito más profundo detrás de este recorrido. La libertad financiera no se trata únicamente de dinero; se trata de opciones. Se trata de tener la capacidad de decidir cómo utilizar su tiempo, dónde enfocar su energía y qué tipo de vida desea construir. Para algunos, esto significa dejar un empleo tradicional. Para otros, significa tener la flexibilidad de viajar, pasar más tiempo con la familia o perseguir pasiones personales. Su portafolio Airbnb no es simplemente un activo financiero; es una herramienta para diseñar la vida que imagina.

El legado es otra dimensión importante de esta experiencia. A medida que su portafolio crece, deja de ser únicamente una fuente de ingresos y se convierte en un activo que puede transmitirse a futuras generaciones. Al estructurar sus inversiones cuidadosamente y planificar con una visión de largo plazo, puede crear un impacto duradero que trascienda su propia vida. Esto convierte sus esfuerzos en algo significativo y permanente, proporcionando oportunidades y seguridad para quienes vendrán después.

También es importante reconocer que este recorrido continúa. El mercado inmobiliario seguirá evolucionando. Surgirán nuevas tecnologías. Las regulaciones cambiarán. Las estrategias que funcionan hoy podrían necesitar ajustes en el futuro. El aprendizaje continuo y la capacidad de adaptación son esenciales para el éxito a largo plazo. Manteniéndose informado, siendo flexible y perfeccionando constantemente su enfoque, podrá navegar estos cambios y seguir prosperando.

La disciplina y la consistencia siguen siendo la base de todo lo que ha aprendido. Ninguna estrategia, ningún sistema y ninguna oportunidad producirán resultados sin ejecución. Los inversionistas más exitosos no son necesariamente los más talentosos ni los más experimentados; son los más consistentes. Se presentan todos los días, toman acción y cumplen con sus compromisos. Al comprometerse con un esfuerzo constante a lo largo del tiempo, crea un impulso que lo lleva hacia adelante incluso cuando surgen desafíos.

A medida que continúa avanzando, recuerde que cada paso cuenta. Su primera propiedad importa. Su segunda propiedad importa. Cada decisión, cada mejora y cada acción contribuyen a su progreso general. No existe necesidad de apresurarse ni de compararse con otros. Concéntrese en su plan, en sus objetivos y en su propio camino. El progreso, por pequeño que parezca, sigue siendo progreso.

Ahora posee el conocimiento, las estrategias y el marco de trabajo necesarios para construir algo verdaderamente poderoso. La pregunta ya no es si es posible; la pregunta es si está dispuesto a actuar. Las oportunidades existen. Las herramientas están disponibles. El camino ha sido trazado. Lo único que queda es la ejecución.

Su portafolio Airbnb tiene el potencial de convertirse en mucho más que una inversión. Puede transformarse en un sistema capaz de generar ingresos, construir riqueza y crear libertad. Puede respaldar su estilo de vida, proporcionar seguridad a su familia y dejar un legado duradero. Pero, como cualquier sistema, requiere esfuerzo, atención y compromiso.

Al cerrar este capítulo y avanzar hacia la siguiente etapa de su recorrido, lleve consigo la comprensión de que usted tiene el control. Tiene la capacidad de diseñar su futuro, construir su portafolio y crear la vida que desea. El proceso no siempre será fácil, pero siempre valdrá la pena.

Este no es el final; es el comienzo de lo que viene después.

a su progreso general. No existe necesidad de apresurarse ni de compararse con otros. Concéntrese en su plan, en sus objetivos y en su propio camino. El progreso, por pequeño que parezca, sigue siendo progreso.

Ahora posee el conocimiento, las estrategias y el marco de trabajo necesarios para construir algo verdaderamente poderoso. La pregunta ya no es si es posible; la pregunta es si está dispuesto a actuar. Las oportunidades existen. Las herramientas están disponibles. El camino ha sido trazado. Lo único que queda es la ejecución.

Su portafolio Airbnb tiene el potencial de convertirse en mucho más que una inversión. Puede transformarse en un sistema capaz de generar ingresos, construir riqueza y crear libertad. Puede respaldar su estilo de vida, proporcionar seguridad a su familia y dejar un legado duradero. Pero, como cualquier sistema, requiere esfuerzo, atención y compromiso.

Al cerrar este capítulo y avanzar hacia la siguiente etapa de su recorrido, lleve consigo la comprensión de que usted tiene el control. Tiene la capacidad de diseñar su futuro, construir su portafolio y crear la vida que desea. El proceso no siempre será fácil, pero siempre valdrá la pena.

Esto no es el final; es el comienzo de lo que viene después.

Cómo Obtener una Evaluación Personalizada de Préstamo Hipotecario para Airbnb

Si este libro te ha resultado útil, es posible que quieras ver cómo estas estrategias se aplican a tu situación financiera y objetivos de inversión específicos. Cada perfil de inversionista es único. El tipo de propiedad, la ubicación, los ingresos proyectados de Airbnb, el puntaje de crédito, el capital disponible y las guías de los prestamistas influyen en los programas de préstamo para los que puedes calificar y en cómo se puede estructurar tu operación.

Los ejemplos presentados en este libro están diseñados para enseñarte cómo funcionan los préstamos hipotecarios para Airbnb, pero tus opciones reales solo pueden determinarse revisando tus números específicos y tu escenario de inversión.

Puedes solicitar una consulta sin compromiso sobre préstamos hipotecarios para Airbnb aquí:
Correo electrónico: info@FinibiMortgage.com

Un profesional hipotecario con licencia revisará tu caso y te explicará qué opciones de financiamiento para Airbnb pueden estar disponibles para ti, incluyendo préstamos DSCR, programas Non-QM y estrategias alternativas de calificación basadas en tu propiedad y perfil financiero.

Sin costo. Sin presión. Sin compromiso.

Atentamente,

Joseph G. Correa

Originador de Préstamos Hipotecarios con Licencia

Finibi Mortgage Inc.

Sobre el Autor

Joseph G. Correa es un corredor hipotecario con licencia y fundador de Finibi Mortgage, una firma con sede en Florida especializada en financiamiento para inversiones inmobiliarias, préstamos para Airbnb y alquileres a corto plazo, y estrategias de financiamiento alternativas para inversionistas, emprendedores y trabajadores independientes. Con más de dos décadas de experiencia en préstamos hipotecarios, underwriting y estructuración financiera, Joseph ha ayudado a miles de clientes a obtener financiamiento mediante estrategias inteligentes y flexibles diseñadas para la inversión inmobiliaria moderna.

A diferencia de los oficiales de préstamos tradicionales que se enfocan únicamente en cerrar transacciones, el enfoque de Joseph está centrado en la creación de riqueza a largo plazo. Cree que el financiamiento hipotecario—especialmente para Airbnb y propiedades de inversión—debe utilizarse como una herramienta estratégica para generar flujo de efectivo, escalar portafolios y alcanzar la independencia financiera.

Joseph es reconocido por su experiencia en préstamos DSCR, financiamiento Non-QM, financiamiento para alquileres a corto plazo, programas de estados de cuenta bancarios y estructuración creativa de operaciones. Se especializa en ayudar a inversionistas a calificar basándose en los ingresos de la propiedad en lugar de los ingresos personales, permitiendo que principiantes, trabajadores independientes e inversionistas experimentados puedan adquirir y escalar portafolios de Airbnb.

Joseph creó la serie **The Airbnb Mortgage Loan Mastery Series** con el objetivo de brindar a los inversionistas el mismo conocimiento financiero utilizado por bancos, prestamistas privados y operadores institucionales, pero traducido en estrategias claras y aplicables. Su misión es ayudar a las personas a entender cómo calificar, estructurar operaciones y escalar utilizando estrategias modernas de financiamiento.

Cuando no está estructurando operaciones o escribiendo, Joseph trabaja directamente con inversionistas en todo Estados Unidos, diseñando estrategias de financiamiento personalizadas alineadas con sus objetivos, tipos de propiedad y planes de crecimiento.

Ruta de la Serie Airbnb Mortgage Loan Mastery

Guía Profesional para Financiar, Escalar y Generar Ganancias con Propiedades de Alquiler a Corto Plazo

El propósito de esta serie es proporcionar a los inversionistas las mismas estrategias de financiamiento utilizadas por bancos y operadores profesionales, adaptadas a una guía clara y práctica. Cada libro construye sobre el anterior, llevándote desde los fundamentos hasta la estructuración avanzada, el escalamiento del portafolio y la creación de riqueza a largo plazo.

Libro 1 — Fundamentos de los Préstamos Hipotecarios para Airbnb: Comprenderás cómo funcionan estos préstamos, en qué se diferencian del financiamiento tradicional y cómo los prestamistas evalúan propiedades de alquiler a corto plazo.

Libro 2 — Préstamos DSCR para Airbnb: Aprenderás cómo calificar usando ingresos de alquiler en lugar de ingresos personales y cómo estructurar operaciones para cumplir con los requisitos del prestamista.

Libro 3 — Préstamos para Airbnb para Principiantes: Una guía paso a paso para adquirir tu primera propiedad.

Libro 4 — Financiamiento de Propiedades de Inversión Airbnb: Estrategias para escalar y construir portafolios.

Libro 5 — Préstamos Airbnb sin Verificación de Ingresos:

Métodos avanzados de calificación sin declaraciones de impuestos.

Libro 6 — Préstamos para Airbnb de Lujo: Estrategias para propiedades de alto valor.

Libro 7 — Préstamos para Casas Vacacionales Airbnb: Cómo financiar segundas viviendas y convertirlas en ingresos.

Libro 8 — Refinanciamiento y Cash-Out en Airbnb: Cómo liberar capital y escalar.

Libro 9 — Préstamos para Propiedades Multiunidad: Cómo financiar dúplex, tríplex y multifamiliares.

Libro 10 — Estructuración Avanzada de Préstamos Airbnb: Cómo combinar múltiples estrategias de financiamiento.

Esta serie puede seguirse paso a paso o utilizarse como referencia según tu nivel actual. El objetivo es ayudarte a entender cómo financiar, estructurar y escalar inversiones en Airbnb para construir un negocio rentable y sostenible.

Aviso Educativo y Financiero

Este libro se proporciona únicamente con fines educativos e informativos. El autor y el editor no ofrecen asesoramiento legal, fiscal, contable, financiero ni de inversión. Aunque Joseph G. Correa es un originador de préstamos hipotecarios con licencia, la información aquí contenida es general y no constituye asesoramiento personalizado.

Los programas hipotecarios, requisitos, tasas de interés y opciones de financiamiento pueden variar según el prestamista, el mercado y las condiciones económicas, y pueden cambiar sin previo aviso. Los ejemplos presentados son hipotéticos y no garantizan resultados.

Antes de tomar decisiones financieras, los lectores deben consultar con profesionales calificados que puedan evaluar su situación específica.

Divulgación de Riesgos

La inversión inmobiliaria y el financiamiento de alquileres a corto plazo implican riesgos. Los ingresos pueden variar según la demanda, competencia, economía y regulaciones. No hay garantía de ingresos o niveles de ocupación.

El uso de deuda aumenta el riesgo financiero. El incumplimiento puede resultar en la pérdida de la propiedad. Los préstamos DSCR y Non-QM pueden tener tasas más altas o condiciones más estrictas.

Los cambios regulatorios también pueden afectar la operación de Airbnb. Es responsabilidad del inversionista cumplir con todas las leyes aplicables.

Este libro enseña estrategias estructuradas y responsables, pero ninguna estrategia está libre de riesgo. Cada lector es responsable de sus decisiones financieras y resultados.

www.ingramcontent.com/pod-product-compliance
Lightning Source LLC
LaVergne TN
LVHW040519210926
848480LV00007BA/1516